L'UNION EUROPÉENNE

スウェーデン
フィンランド
エストニア
デンマーク
リト
オランダ
ベルギー
イギリス
アイルランド
ポーランド
ルクセンブルク
ドイツ
チェコ
スロヴァキア
フランス
オーストリア
ハンガリー
ルーマニア
ポルトガル
クロアチア
イタリア
スロヴェニア
ブルガリア
スペイン
ギリシア
キプロス
マルタ

JN067877

27 États membres de l'Union européenne

Allemagne, **Autriche**, **Belgique**, Bulgarie, **Chypre**, Croatie, Danemark, **Espagne**, **Estonie**, **Finlande**, **France**, **Grèce**, Hongrie, **Irlande**, **Italie**, **Lettonie**, **Lituanie**, **Luxembourg**, **Malte**, **Pays-Bas**, Pologne, **Portugal**, République tchèque, Roumanie, **Slovaquie**, **Slovénie**, Suède

＊太字はユーロ圏（2022 年）

Sur le pont

2e édition

Yamina AOKI – LAIEB

Françoise FUJII

Jean-François GRAZIANI

Noriyuki NISHIYAMA

Editions ASAHI

Avant propos

Sur le pont est un manuel de conversation pour débutants qui a été conçu au motif de compléter le manuel de grammaire ***La Grammaire Active du Français*** des auteurs Mitsuru Ohki, Noriyuki Nishiyama et Jean-François Graziani.

Pour la rédaction de ***Sur le pont***, nous nous sommes inspirés de notre longue expérience de l'enseignement du français à des apprenants japonais adolescents et adultes.

L'approche neurolinguistique (ANL) de Claude Germain et de Joan Netten est aussi à l'origine de notre inspiration. En effet, nous adhérons fortement à l'idée selon laquelle l'enfant, avant d'entrer à l'école et d'apprendre à écrire, sait déjà communiquer avec son entourage et cela sans avoir appris explicitement la grammaire de la langue qu'il parle.

Notre méthode peut aussi se revendiquer de l'approche actionnelle. Selon cette approche, l'apprenant, acteur social à part entière (comme aime à le définir cette approche), muni de nos modèles de conversation, discutera avec son voisin de table sur des thèmes qui le concernent directement (ou indirectement) dans sa vie quotidienne.
Le fait de solliciter constamment ce voisin de table pour communiquer avec lui rend notre manuel particulièrment adapté aux classes à gros effectifs.

Sur le pont, comprend deux parties : une partie Initiation (dont la deuxième partie est à traiter comme les autres leçons) et une vingtaine de leçons. Une leçon se décline en trois parties.

– *Phonétique*

L'accent y est particulièrement mis sur les difficultés des apprenants japonais. Pour y pallier, nous mettons souvent en opposition des sons qui prêtent à confusion comme par exemple l'opposition [a] [ɑ] / [ɑ̃]

– *Conversation*

Nous y proposons des modèles de conversation à jouer avec le voisin de table accompagnés d'une partie *Activités* comprenant des exercices de substitution (ayant pour support des tableaux de vocabulaire) et d'écoute pour une bonne assimilation par l'apprenant.

– *Compréhension orale*

Constitué essentiellement d'un dialogue qui reprend les phrases, les expressions ou les automatismes des leçons précédentes, ce dialogue vise à développer la capacité d'écoute des apprenants.
Une petite batterie d'exercices y est associée pour renforcer l'apprentissage.

Remerciements

Nous tenons ici à remercier le Professeur Jean-Claude Beacco de ses précieux conseils qui ont permis à ce manuel de paraître sous son meilleur jour.

Les auteurs

前書き

　本書は、大木充／西山教行／ジャン=フランソワ・グラヅィアニ著　三訂版『グラメール・アクティーヴ―文法で複言語・複文化―』*La Grammaire Active du Français —Pour une initiation au plurilinguisme et au pluriculturalisme*— （朝日出版社）とペアで使用する観点から構想されたフランス語コミュニケーション入門教材です。

　本書は、日本人の若者や成人学習者にむけて行ってきた、これまでのフランス語教育の長い経験に基づいて作成されています。

　またカナダの言語教育学の権威であるクロード・ジェルマン教授（モントリオール大学ケベック校）ならびにジョーン・ネッテン名誉教授（ニューファンドランドメモリアル大学）の構想した「神経言語学アプローチ」という教授法に着想を得ています[1]。子どもは学校に入学し、文字の読み書きを学ぶ以前から、すでに周囲の人々とコミュニケーションを行っています。それもその言語の文法を明示的に学ぶことなく、コミュニケーションを行っているのです。本書はこのような考え方に基づいて構想されています。

　さらに本書は行動中心アプローチも参照しています。「ヨーロッパ言語共通参照枠」CEFRによれば、学習者は社会的行為者として、日常生活と直接に関わる話題について教室で仲間とやりとりをします。そして教室での仲間とコミュニケーションを行いながらフランス語を学ぶため、本書は大人数のクラスにも対応するものとなっています。

　本書は20課より構成されており、各課はそれぞれ3部からできあがっています。

音声について

　日本人フランス語学習者が特に苦手とする点を中心に構成され、[a][ɑ]と[ɑ̃]のような間違いやすい音声の対立を取り上げています。

会話について

　教室での仲間と練習を行うための会話モデルを載せています。これには単語リストのついた置き換え練習と聞き取り練習を含んでいます。

聴解について

　本書は、各課で提示されたスピーチアクトを取り入れた対話を活用しながら、学習者の聴解能力を高める工夫を行っています。また、練習問題を追加して学習効果を高めています。

暗記しようについて

　本書はコミュニケーションのための教材ですが、フランスやフランス語圏の作家などの名文を紹介し、学習者に暗記を勧めています。フランス語を学ぶことを通じて、フランス語の世界に豊かさに触れることを願っています。

謝辞

　本書の作成に当たり、貴重なご意見をいただきましたジャン=クロード・ベアコ名誉教授（パリ第3大学）に深く御礼を申し上げます。

筆者識

1　神経言語学アプローチについては、以下の論文を参照。クロード・ジェルマン、ジョーン・ネッテン、大木　充「カナダにおける早期言語教育―イマージョンとANL」西山教行・大木　充編（2015）『世界と日本の小学校の英語教育』明石書店、pp. 125-151.

Table des matières

	Phonétique	Conversation		Compréhension orale
Leçon 17 Des sigles comme Pacs **83**	La consonne finale caduque [s] [t] [p] 発音されない最後の子音	Modèle 1 Modèle 2	Demander la signification d'un sigle 略語の意味をたずねる Demander si le statut est compatible avec certaines situations sociales ある地位と社会的行為は両立するか	Qu'est-ce que ça veut dire l'UNESCO ? UNESCO は何を意味していますか？
Leçon 18 Être pour ou contre une loi La parité **87**	Les sons [k] et [g] [k] と [g] の発音	Modèle	Demander à quelqu'un s'il est pour ou contre une loi ある法律について、賛成か反対か相手の意見をたずねる	Je suis d'accord avec vous. Elle est contre la parité. Il est pour. あなたと同じ意見です。彼女は男女同数制に反対です。彼は賛成です。
Leçon 19 Parlons vin ! **91**	Les sons [i], [y] et [u] [i] と [y]、[u] の発音	Modèle 1 Modèle 2	Demander à quelqu'un s'il accepte de payer plus cher un produit de meilleure qualité 品質がより良い食品を少し高い値段で買うことに合意するかをたずねる Parler de la qualité d'un produit 食品の品質について語る	Moins cher et à qualité égale, le client n'hésiterait pas ! 同じ値段なら顧客はためらわないでしょう。
Leçon 20 Un souhait pour l'Europe **95**	Les voyelles nasales et les consonnes 鼻母音と子音	Modèle 1 Modèle 2	Solliciter un avis 意見をたずねる Suppositions 推測を表す	Allons ! un peu d'optimisme ! さあ、もう少し楽天的になりましょう。

Initiation

入門編

Première partie （第一部）

● L'alphabet français　アルファベット　　🔘 1-02

Écoutez et répétez !　音声を聞き、それに続けて発音しましょう。

A	B	C	D	E	F	G	H	I	J	K	L	M	N	O	P	Q	R	S	T	U	V	W	X	Y	Z
a	b	c	d	e	f	g	h	i	j	k	l	m	n	o	p	q	r	s	t	u	v	w	x	y	z

● Les nombres　数　　🔘 1-03

de 0 à 10 , de 11 à 20 et de 21 à 30　（0から30まで）

Écoutez et répétez !　音声を聞き、それに続けて発音しましょう。

0	1	2	3	4	5	6	7	8	9
zéro	un	deux	trois	quatre	cinq	six	sept	huit	neuf
10	11	12	13	14	15	16	17	18	19
dix	onze	douze	treize	quatorze	quinze	seize	dix-sept	dix-huit	dix-neuf
20	21	22	23	24	25	26	27	28	29
vingt	vingt et un	vingt-deux	vingt-trois	vingt-quatre	vingt-cinq	vingt-six	vingt-sept	vingt-huit	vingt-neuf
30									
trente									

● Les jours, les mois et les saisons　曜日、月、季節

Les jours　曜日　　🔘 1-04

Écoutez puis répétez !　音声を聞き、それに続けて発音しましょう。

lundi, mardi, mercredi, jeudi, vendredi, samedi et dimanche

– À deux, lisez alternativement les jours puis inversez les rôles.
　ペアを組んで、曜日の名称を交互に発音しましょう。交替して2度行います。

Les mois　月　　🔘 1-05

Écoutez puis répétez !　音声を聞き、それに続けて発音しましょう。

janvier, février, mars, avril, mai, juin, juillet, août, septembre, octobre, novembre, décembre

– À deux, lisez alternativement les mois puis inversez les rôles
　ペアを組んで、月の名称を交互に一つずつ発音しましょう。交替して2度行います。

Les saisons　季節　　🔘 1-06

Écoutez puis répétez !　音声を聞き、それに続けて発音しましょう。

printemps, été, automne, hiver

– À deux, lisez alternativement les saisons puis inversez les rôles.
　ペアを組んで、季節の名称を交互に発音しましょう。交替して2度行います。

Conservation

Deuxième partie （第二部）

Se présenter et faire connaissance 自己紹介をして、知りあいになる

Modèle 1 **Saluer** あいさつをする

a-Non familier 親しい間柄ではない相手に対して	b-Familier 初対面でも親しい間柄の相手に対して
Se saluer 挨拶する 🔴1-07	*Se saluer* 挨拶する 🔴1-08
– Bonjour monsieur / madame, comment allez-vous ?	– Salut <u>Ludovic</u>, ça va ?
– Bonjour, je vais (très) bien, merci. Et vous ?	– <u>Ça va bien</u>, et toi ?
– Je vais (très) bien, merci.	– <u>Pas mal</u>.
Prendre congé 別れの挨拶	*Prendre congé* 別れの挨拶
– Au revoir, monsieur !	– Salut, <u>Maud</u> !
– Au revoir, madame / monsieur.	– Salut, <u>Marion</u> ! <u>À demain</u> !

👫 Activités

1. Jouez les scènes avec votre voisin(e).
   ペアを組んで、上の二つの会話を練習しましょう。
2. Rejouez le modèle b en remplaçant les prénoms soulignés par vos prénoms.
   テキストを見ずに自分の名前をつかって親しい人同士の会話をペアで練習しましょう。

Modèle 2 **Dire son prénom et son nom** 名前と苗字を伝える

a-Non familier 親しい間柄ではない相手に対して 🔴1-09	b-Familier 初対面でも親しい間柄の相手に対して 🔴1-10
– Je m'appelle <u>Françoise Laine</u>. Enchantée !	– Moi, c'est <u>Julie</u>. Enchantée !
– <u>Louis Mareau</u>. Enchanté !	– <u>Brice</u>. Enchanté !

👫 Activités

1. Jouez les scènes avec votre voisin(e).
   ペアを組んで、上の二つの会話を練習しましょう。
2. Rejouez en utilisant vos noms et prénoms.
   ペアを組んで、自分の名前を用いて練習をしましょう。

Modèle 3 **Dire sa nationalité** 国籍を伝える

a-Non familier 🔴1-11
– Est-ce que vous êtes <u>français</u> ?
– Non, je suis <u>suisse</u>. Et vous ?
– Moi, je suis <u>française</u>.

b-Familier 🔴1-12
– Tu es <u>japonais</u> ?
– Non, je suis <u>coréen</u>. Et toi ?
– Moi, je suis <u>japonaise</u>.

Vocabulaire : Des pays et des nationalités

Pays (国)		Je suis / Tu es / Vous êtes	
		masculin (男性形)	féminin (女性形)
La France	🇫🇷	français	française
Le Japon	⚪	japonais	japonaise
L'Allemagne	⬛	allemand	allemande
L'Angleterre	🇬🇧	anglais	anglaise
L'Italie	🇮🇹	italien	italienne

 **Activités**

1. Jouez les scènes avec votre voisin(e).
   ペアを組んで、左の二つの会話を練習しましょう。

2. Exercez-vous en utilisant les nationalités proposées dans le tableau.
   左の表にある国籍を用いて練習を続けましょう。

Modèle 4 · Dire sa profession 職業を伝える

a-Non familier 🔘 1-13

– Qu'est-ce que vous faites dans la vie ?
– Je suis <u>journaliste</u>. Et vous ?
– Moi, je suis <u>employé</u>.

b-Familier 🔘 1-14

– Qu'est-ce que tu fais dans la vie ? / Tu fais quoi dans la vie ?
– Je suis <u>étudiant</u>. Et toi ? Étudiant→ Étudiante
– Moi aussi.

Vocabulaire : Les professions

| un(e) vendeur(se) | un peintre | un chauffeur | un médecin | un(e) professeur(e) |

 **Activités**

1. Jouez les scènes ci-dessus avec votre voisin(e).
   ペアを組んで、上の二つの会話を練習しましょう。

2. Rejouez les scènes en remplaçant les mots soulignés par ceux du tableau.
   下線部の語を上の表から選んだ語にかえて、もう一度練習してみましょう。

Modèle 5 · Dire où on habite 住んでいる町を伝える

a-Non familier 🔘 1-15

– Où est-ce que vous habitez ?
– J'habite <u>au Japon</u>. Et vous ?
– Moi aussi.

b-Familier 🔘 1-16

– Où est-ce que tu habites ?
– J'habite <u>à Paris</u>. Et toi ?
– Moi, j'habite <u>à Osaka</u>.

Vocabulaire : Des pays et des villes

Des pays	Des villes célèbres
en France (la)	à Paris
au Japon (le)	à Tokyo
en Allemagne (l')	à Berlin
en Corée (la)	à Séoul
en Italie (l')	à Rome
en Angleterre (l')	à Londres
aux États-Unis (les)	à New York

 **Activités**

1. Jouez les scènes ci-dessus avec votre voisin(e).
   ペアを組んで、上の二つの会話を練習しましょう。

2. Rejouez les scènes en remplaçant les mots soulignés par ceux du tableau.
   下線部の語を表から選んだ語にかえて、もう一度練習してみましょう。

Compréhension orale

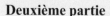

Dialogue 1-17

Ils font connaissance. 知りあいになります。

Première partie

À Paris, dans une soirée, ils font connaissance.

Marie Flore   Bonsoir, je m'appelle Marie Flore. Enchantée !

Jean Bézier   Jean Bézier. Enchanté ! Vous êtes française ?

Marie Flore   Non. Je suis canadienne. Mais j'habite à Paris.

Jean Bézier   Et moi, je suis français. Mais j'habite à Québec,

Deuxième partie

Marie Flore   Qu'est-ce que vous faites dans la vie ?

Jean Bézier   Je suis danseur professionnel. Vous dansez ?

Marie Flore   Avec plaisir.

En dansant, ils passent au tutoiement.   ＊踊っているうちに "tu" を使うようになりました。

Jean Bézier   Et toi, qu'est-ce que tu fais dans la vie ?

Marie Flore   Je suis photographe.

Jean Bézier   Ah !

👤 Questions de compréhension

Première partie

Écoutez et cochez ce que vous entendez !   音声を聞き、聞こえた文にチェックをつけましょう。

1.   Je m'appelle Marie Flore.   ☐

2.   Je suis canadienne.   ☐

3.   Tu es canadien ?   ☐

Deuxième partie

Écoutez et cochez ce que vous entendez !   音声を聞き、聞こえた文にチェックをつけましょう。

1.   Je suis danseur professionnel.   ☐

2.   D'accord.   ☐

3.   Ah !   ☐

C'est qui, c'est quoi ?

Phonétique   **La liaison, l'enchaînement et l'élision**
リエゾンとアンシェヌマンとエリジョン

● La liaison   リエゾン

単独では発音されない語尾の子音字が、次にくる単語の先頭の母音字（または無音のh）と一体となって発音されることがあります。これをリエゾンといいます。

> 発音されない子音　＋　母音 / 無音のh

1.　**Écoutez et répétez !**　音声を聞き、それに続けて発音しましょう。　🔊 1-18
　　1.　les amis de Marion
　　2.　des pays étrangers
　　3.　des étudiants sérieux
　　4.　deux idées originales
　　5.　le petit ami
　　6.　un hôtel

2.　**Écoutez et marquez la liaison !**　音声を聞き、リエゾンをするところに下線を引きましょう。
　　1.　Je les aime.
　　2.　deux amis
　　3.　chez elle　🔊 1-19
　　4.　très efficace

● L'enchaînement   アンシェヌマン

発音される語尾の子音字が、次にくる単語の先頭の母音字（または無音のh）と一体となり発音されることがあります。これをアンシェヌマンといいます。

> 発音される子音　＋　母音 / 無音のh

1.　**Écoutez et répétez !**　音声を聞き、それに続けて発音しましょう。　🔊 1-20
　　1.　un(e) idée
　　2.　cinq étudiants
　　3.　le public allemand
　　4.　mal écrit

2.　**Écoutez et marquez l'enchaînement !**　音声を聞き、アンシェヌマンをするところに下線を引きましょう。
　　1.　une amie
　　2.　il a
　　3.　avec aisance　🔊 1-21
　　4.　la tour Eiffel

● L'élision   エリジョン

母音（または無音のh）ではじまる単語の前で、前の単語の語尾の母音字e, a, iを省略することがあります。これをエリジョンといいます。

1.　**Écoutez et répétez !**　音声を聞き、それに続けて発音しましょう。　🔊 1-22
　　1.　l'ami (le ami)　　2.　l'histoire (la histoire)　　3.　l'eau (la eau)

2.　**Écoutez et soulignez l'élision !**　音声を聞き、エリジョンをするところに下線を引きましょう。
　　1.　l'eau minérale Badoit　　2.　l'hôtel Ritz　　3.　l'or　🔊 1-23

Conversation

Écoutez et répétez ! 音声を聞き、それに続けて発音しましょう。

1-A ● 1-24

– Est-ce que la France est une république ?
– Oui. C'est une république.
– L'Angleterre est une république ?
– Non. C'est une monarchie.

Vocabulaire : République et monarchie

Une république 共和制	Une monarchie 君主制
la France	le Danemark
le Portugal	le Japon
l'Allemagne	le Maroc
l'Italie	l'Espagne

 Activités

1. Jouez les scènes ci-dessus avec votre voisin(e). ペアを組んで、上の会話を練習しましょう。

2. Rejouez les scènes en remplaçant les mots soulignés par ceux du tableau.
   下線部の語を上の表から選んだ語にかえて、もう一度練習しましょう。

Qui est-ce ? / C'est qui ? → Qui sont-ils ? Qu'est-ce que c'est ? / C'est quoi ?

Écoutez et répétez ! 音声を聞き、それに続けて発音しましょう。

2-A ● 1-25

– Qui est-ce ?
– C'est Simone Veil. Elle est française et elle est politicienne.

Simone Veil,
française, politicienne
写真：ロイター／アフロ

Vocabulaire :
Qui est-ce ? / Qu'est-ce que c'est ?

Jules Verne,
français, écrivain

une place,
la Bastille

2-B ● 1-26

– C'est qui ?
– C'est Victor Hugo. Il est français et il est écrivain.

Victor Hugo,
français, écrivain

les frères Lumière,
français, des
inventeurs (Ce sont)

une lampe,
la lampe d'Aladin

2-C ● 1-27

– Qu'est-ce que c'est ?
– C'est un grand magasin. C'est le grand magasin Le Printemps.
– C'est quoi ?
– C'est une chambre, la chambre de Van Gogh.

un grand magasin,
le magasin Le Printemps
写真：ロイター／アフロ

une chambre, la chambre
de Van Gogh

Marion Cotillard,
française, actrice
写真：Best Image／アフロ

une tour,
la tour Eiffel
写真：© Shutterstock.com

Activités

1. Jouez les scènes ci-dessus. ペアで左の会話を練習しましょう。

2. Rejouez les scènes en remplaçant les mots soulignés par ceux du tableau.

下線部の語を左の表から選んだ語にかえて、もう一度練習しましょう。

| **Modèle 3** | **Caractériser quelqu'un ou quelque chose**
人や事物の特色を述べる |

Écoutez et répétez ! 音声を聞き、それに続けて発音しましょう。

3-A 🔊1-28

– Qui est-ce ?
– C'est <u>un ami</u>. Il est <u>sympa</u>.
– C'est qui ?
– <u>Un voisin</u>. Il est <u>célèbre</u>.

3-B 🔊1-29

– C'est <u>le palais de l'Elysée</u>. Il est <u>classique</u>.
– C'est quoi ?
– C'est <u>une bibliothèque</u>. Elle est <u>grande</u>.

Vocabulaire : Des gens et des choses

un(e) ami(e)
Il / Elle est gentil(le).
(↔ méchant(e))

un(e) professeur(e)
Il / Elle est cool.
(↔ sévère)

un(e) savant(e)
Il / Elle est intelligent(e).
(↔ pas intelligent(e))

un tableau / une peinture
Il / Elle est beau(belle).
(↔ laid(e))

un parc / une fontaine
Il / Elle est grand(e).
(↔ petit(e))

un roman / une nouvelle
Il / Elle est difficile.
Il / Elle est intéressant(e).
(↔facile/inintéressant(e))

un bâtiment / une maison
Il / Elle est moderne.
(↔ ancien(ne))

un film / une histoire
Il / Elle est amusant(e).
(↔ ennuyeux(euse))

 Activités

1. Jouez les scènes ci-dessus. ペアで上の会話を練習しましょう。

2. Rejouez les scènes ci-dessus en remplaçant les mots soulignés par ceux du tableau ci-dessus. 下線部の語を上の表から選んだ語にかえて、もう一度練習しましょう。

Compréhension orale

Un citoyen du monde ? 世界市民 ?

Kaoru	Qui est-ce ?
Romain	C'est Gérard Depardieu. C'est un acteur.
Kaoru	Il est français ?
Romain	Oui. Mais maintenant, il est russe aussi.
Kaoru	C'est un citoyen du monde ! Et ça, c'est quoi ?
Romain	Un roman. C'est un roman de Guy de Maupassant. Il est facile.

Questions de compréhension

1. **Écoutez et cochez ce que vous entendez !**　音声を聞き、聞こえた文にチェックをつけましょう。

　　1. Qui est-ce ?　　　　　　　　　　　　☐

　　2. Il est européen ?　　　　　　　　　　☐

　　3. Oui.　　　　　　　　　　　　　　　　☐

　　4. Qu'est-ce que c'est ?　　　　　　　　☐

　　5. Guy de Maupassant, c'est qui ?　　　☐

　　6. Il est célèbre.　　　　　　　　　　　☐

2. **Lisez le dialogue puis répondez par vrai ou faux !**
　対話文を読んで、一致するなら V に、しなければ F にチェックをつけましょう。

　　1. Gérard Depardieu est un acteur français.　　☐ V　　　☐ F

　　2. C'est un citoyen du monde.　　　　　　　　☐ V　　　☐ F

　　3. Le roman de Maupassant n'est pas facile.　☐ V　　　☐ F

Apprenons par cœur !　暗記してみよう　　　　1-31

Le style est l'homme même.　文体は人間そのものである。

ジョルジュ=ルイ・ルクレール・ド・ビュフォン
Georges-Louis Leclerc de Buffon（1707-1788・フランスの博物学者）

Mes objets et mes activités

Phonétique　　**Rythme et intonation**　リズムとイントネーション

● **Rythme**　リズム

フランス語ではアクセント（声の強弱、強さ・高さの頂点）の位置が決まっています。単語を一つ一つ発音する場合、最終音節にアクセントが置かれ、アクセントのある音節は他の部分よりも強く、やや長めに発音されます。音節とは、一つの母音、あるいは一つの母音を中核として一つから三つの子音の組み合わせで作られます。

文中では意味上のひとまとまりの語群の最終音節にアクセントが置かれます。これはリズムグループと呼ばれます。

Il parl*ait*. // Il parlait *bien*.

Tu *viens* ? // Viens-*tu* ?

Donnez-*moi* ce que vous *avez*.

● **Intonation**　イントネーション

平叙文では声がやや低く始まり、次第に高くなり、文末は低くなります。

疑問文では文末が高くなります。疑問代名詞を含む文では、疑問詞を高く発音し、その後は次第に低くなります。

感嘆文や命令文では、たいてい文末に向けて低くなります。

● **La question et la réponse affirmative**　疑問文と答え方　　🔊1-32

Dans la phrase interrogative, la voix monte à la fin de la phrase.

疑問文の場合は語尾を上げる。

Tu apprends le français ?　

Dans le cas de la phrase affirmative, la voix descend à la fin de la phrase.

肯定文の場合は語尾を下げる。

Oui, j'apprends le français.　

1.　**Écoutez et répétez !**　音声を聞き、それに続けて発音しましょう。　　🔊1-33

　　1.　Tu as le temps ?

　　2.　Est-ce que vous êtes français ?

　　3.　Écoutez-vous souvent la radio sur Internet ?

　　4.　Il aime le pain et le vin.

Conversation

Modèle 1 | **Dire ce qu'on a et ce qu'on n'a pas**
所有するものと所有していないものについて語る

Écoutez et répétez ! 音声を聞き、それに続けて発音しましょう。

> **1-A** 🔘 1-34
>
> – Est-ce que vous avez une télévision ?
> – Oui, j'ai une télévision.
> – Est-ce que tu as une tablette ?
> – Non, je n'ai pas de tablette.

Vocabulaire : Des objets

une radio	un vélo	un chat	un livre
un dictionnaire électronique	des stylos	une tablette	une voiture

👫 **Activités**

1. Jouez les scènes ci-dessus. ペアで上の会話を練習しましょう。

2. Rejouez en remplaçant les mots soulignés par ceux du tableau.
   下線部の語を上の表から選んだ語にかえて、もう一度練習しましょう。

Modèle 2 — Parler de ses activités et de leur fréquence
自分の活動やその頻度について話す

Écoutez et répétez ! 音声を聞き、それに続けて発音しましょう。

2-A ● 1-35

– Est-ce que vous écoutez souvent* la radio sur Internet ?
– Oui, j'écoute souvent.

*しばしば

2-B ● 1-36

– Est-ce que tu regardes tous les jours les informations* sur Internet ?
– Non, je ne regarde pas tous les jours.

*ニュース

Vocabulaire : Les activités quotidiennes et leur fréquence　日常の活動とその頻度

Sujet	Je	Tu	Il / Elle	Nous	Vous	Ils	Elles
Activités	regarde	travailles	étudie	dansons en boîte	cuisinez	mangent au RU*	achètent
Fréquence	de temps en temps des DVD	tous les jours	tous les soirs	tous les samedis	rarement	tous les midis	souvent des vêtements en ligne

*大学食堂

Exemple

Je regarde de temps en temps des DVD.

Activités

1. Jouez les scènes ci-dessus. ペアで上の会話を練習しましょう。

2. Rejouez en remplaçant les mots soulignés par ceux du tableau ci-dessus.
下線部の語を上の表から選んだ語にかえて、もう一度練習をしましょう。

⇄ Échanges

Posez-vous les questions suivantes. ペアを組んで次の質問をしましょう。

1. Est-ce que tu travailles / vous travaillez tous les jours ?
2. Est-ce que tu cuisines / vous cuisinez le dimanche ?

Développez votre écoute 発展リスニング ● 1-37

Paul répond à une enquête dans la rue. ポールは街頭でインタビューに答えます。
Écoutez et associez l'activité à sa fréquence ! 音声を聞き、行動とその頻度を線でつなぎましょう。

1. travailler
2. regarder des films
3. étudier à la bibliothèque
4. cuisiner français

a. oui, souvent
b. non, rarement
c. oui, tous les samedis soirs
d. oui, de temps en temps

Compréhension orale

Portrait 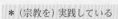 1-38

Portrait de Salima　サリマの人物描写

Salima est française. Elle a 22 ans. Elle a beaucoup d'amis.

Elle est musulmane mais pas pratiquante*.

Elle a une jolie tablette.

Le vendredi, elle n'a pas le temps d'aller à la mosquée.

Elle va tous les jours à l'université.

＊（宗教を）実践している

Questions de compréhension

1. **Écoutez et cochez ce que vous avez entendu !** 音声を聞き、聞こえた文にチェックをつけましょう。

   1. Salima est française.　☐
   2. Elle n'a pas vingt ans.　☐
   3. Elle habite à Paris.　☐
   4. Elle a des amis étrangers.　☐
   5. Elle a une jolie tablette.　☐
   6. Elle va tous les jours à l'université.　☐

2. **Lisez le dialogue puis répondez par vrai ou faux !**
   人物描写を読んで、一致するなら V に、しなければ F にチェックをつけましょう。

   1. Salima est française.　☐V　☐F
   2. Elle est musulmane.　☐V　☐F
   3. Elle est pratiquante.　☐V　☐F
   4. Elle a le temps d'aller à la mosquée le vendredi.　☐V　☐F
   5. Le vendredi, elle va au supermarché.　☐V　☐F

Apprenons par cœur !　暗記してみよう　🔘 1-39

> **Là, tout n'est qu'ordre et beauté,** そこにはすべてが秩序と美
> **Luxe, calme et volupté.** 豪奢と静寂そして悦楽
>
> シャルル・ボードレール
> Charles Baudelaire（1821-1867・フランスの詩人），
> L'invitation au voyage（「旅へのいざない」），*Les Fleurs du mal*（『悪の華』）

Leçon 3

Les activités quotidiennes

Phonétique　　**Les sons [ɔ] et [õ]**　[ɔ] と [õ] の発音

1. **Lisez le tableau !**　表を見て、発音しましょう。　🔴 1-40

	[ɔ] (ouvert)	[õ]
prononciation 発音	口から力を抜いて、唇を丸めて、o を発音しましょう。	[ɔ] の音に加えて鼻に強く力をかけましょう。
graphie つづり	o, u, oo,	om, on
exemples 例	pomme, comme, rhum, alcool	tombe, ombre, ronde, pont

2. **Écoutez et entourez le mot entendu !**　音声を聞き、聞こえた単語を○で囲みましょう。

🔴 1-41

	[ɔ]	[õ]
1.	pomme	pont
2.	forme	font
3.	tome	tombe
4.	rhum	ronde

Conversation

Modèle 1 — Demander l'heure 時間をたずねる

Écoutez et répétez ! 音声を聞き、それに続けて発音しましょう。

1-A ● 1-42
– Quelle heure est-il, s'il vous plaît ?
– Il est 9h30 (neuf heures trente).
– Il est quelle heure, s'il te plaît ?
– Il est midi.

Vocabulaire : Quelle heure est-il ?

Il est trois heures. (3:00)		Il est onze heures et quart. (11:15)	
Il est sept heures et demie. (7:30)		Il est cinq heures moins le quart. (4:45)	
Il est trois heures moins vingt. (2:40)		Il est huit heures dix. (8:10)	
Il est midi. (12:00)		Il est minuit. (00:00)	

Activités

1. Jouez les scènes.
   ペアで会話を練習しましょう。

2. Rejouez en remplaçant les heures soulignées par celles qui sont proposées dans le tableau.
   下線部の時刻を右の表から選んだ時間にかえて、もう一度練習してみましょう。

⇄ **Échanges**

Demandez l'heure qu'il est maintenant à votre voisin(e). 隣の人に時間を聞きましょう。

Puis ajoutez 5 minutes et dites-lui l'heure qu'il est. 聞かれたら、今の時間に5分加えて答えましょう。

Modèle 2 — Demander l'heure à laquelle on exerce ses activités quotidiennes
日常の活動は何時に行われるかをたずねる

Écoutez et répétez ! 音声を聞き、それに続けて発音しましょう。

2-A ● 1-43
– À quelle heure est-ce que vous vous couchez ?
– En général, je me couche à 11 heures.
– À quelle heure est-ce que tu te lèves ?
– En général, je me lève vers 7 heures.

Activités

1. Jouez les scènes. ペアで会話を練習しましょう。

2. Rejouez les scènes en remplaçant les mots soulignés par ceux du tableau.
   下線部の語を右の表から選んだ語にかえて、もう一度練習してみましょう。

Vocabulaire : Les activités quotidiennes

Le matin（朝）

se réveiller

se lever

se doucher

se coiffer

prendre le petit déjeuner

se maquiller

se brosser les dents

aller au bureau

L'après-midi（午後）

travailler

déjeuner

se reposer

rentrer

Le soir（夜）

faire les courses

préparer le dîner

dîner

regarder les infos*
à la télévision / lire

se coucher

＊ニュース

23

Compréhension orale

Dialogue 🔵 1-44

L'interview d'une star de cinéma　映画スターへのインタビュー

Le journaliste	Est-ce que vous vous couchez tard ?
La star	Pas du tout. Je me couche à onze heures tous les soirs.
Le journaliste	Vraiment ? C'est tôt pour une star !
La star	Oui, je sais.
Le journaliste	Et le matin ?
La star	Je me lève très tôt !
Le journaliste	À quelle heure ?
La star	À six heures.
Le journaliste	Et vous vous douchez avant ou après le petit déjeuner ?
La star	En général, d'abord, je prends mon petit déjeuner, puis je fais du jogging et enfin je me douche.
Le journaliste	Après la douche vous vous maquillez, bien sûr.
La star	Je ne me maquille pas tous les jours sauf quand je tourne.*1
Le journaliste	Et quand vous allez à une soirée,*2 j'imagine.
La star	Oui, c'est ça.
Le journaliste	Merci pour cette interview.

*1 出演する
*2 パーティー

👤 Questions de compréhension

1. Écoutez et cochez ce que vous entendez !　音声を聞き、聞こえた文にチェックをつけましょう。

1. Est-ce que vous vous couchez tard ?　☐
2. Vraiment ?　☐
3. Et le soir ?　☐
4. À six heures.　☐
5. Et vous vous douchez avant ou après le petit déjeuner ?　☐
6. Je ne me maquille pas tous les jours.　☐

2. Lisez le dialogue puis répondez par vrai ou faux !

対話文を読んで、一致するなら V に、しなければ F にチェックをつけましょう。

1. La star se couche très tard.　☐V　☐F
2. Elle se lève très tôt.　☐V　☐F
3. Elle se lève à 6 heures et demie.　☐V　☐F
4. Elle ne prend pas de petit déjeuner.　☐V　☐F
5. Elle se douche puis elle fait du jogging.　☐V　☐F
6. Elle ne se maquille pas tous les jours.　☐V　☐F

Apprenons par cœur !　暗記してみよう　🔵 1-45

L'homme n'est qu'un roseau, le plus faible de la nature ; mais c'est un roseau pensant.　人間はひとくきの葦にすぎない。自然のなかで最も弱いものである。だが、それは考える葦である。

ブレーズ・パスカル
Blaise Pascal（1623-1662・フランスの思想家）, *Les Pensées*（『パンセ』）

Leçon 4

Mes objets, ma famille, mes endroits préférés et ce que je dois faire

Phonétique　　**Les sons [a], [ɑ] et [ã]**　[a]、[ɑ] と [ɑ̃] の発音

1.　Lisez le tableau !　表を見て、発音しましょう。　1-46

	[a]	[ɑ]	[ã]
prononciation 発音	口を大きくあけましょう。	口を少ししめましょう。	[a] に加えて鼻に力を少しかけましょう
graphie つづり	a, à	â	am, an, em, en
exemples 例	sa, table, là	âne, pâte	lampe, tante, ensemble, rendre

2.　Écoutez et entourez le mot entendu !　音声を聞き、聞こえた単語に○をつけましょう。

	[a]	[ã]	1-47
1.	la	lampe	
2.	ta	tante	
3.	sa	semble	
4.	rat	rend	

Conversation

Modèle 1 — Les objets personnels 身の回りのもの

Écoutez et répétez ! 音声を聞き、それに続けて発音しましょう。

1-A ● 1-48
– Est-ce que c'est votre <u>livre</u> ?
– Oui, c'est mon <u>livre</u>.
– Non, ce n'est pas mon <u>livre</u>.

1-B ● 1-49
– Ce sont ses <u>stylos</u> ?
– Oui, ce sont ses <u>stylos</u>.

1-C ● 1-50
– Est-ce que c'est ta <u>tablette</u> ?
– Oui, c'est ma <u>tablette</u>.
– Ce sont leurs <u>clefs USB</u> ?
– Non, ce ne sont pas leurs <u>clefs USB</u>.

Vocabulaire : Mes objets et mes affaires　私の持ち物

Possesseur \ Objet	Singulier		Pluriel
	masculin	féminin	masculin / féminin
Je	mon appartement	ma maison	mes pantalons / robes
Tu	ton chemisier	ta chemise	tes gants / chaussures
Il / Elle	son ordinateur*	sa lampe	ses manuels / photos
Nous	notre lecteur DVD	notre tablette	nos documents / lunettes
Vous	votre vélo	votre moto	vos DVD / BD
Ils / Elles	leur blog	leur faculté	leurs livres / notes

＊パソコン

Activités

1. Jouez les scènes.　ペアで会話を練習しましょう。

2. Rejouez les scènes en remplaçant les mots soulignés par ceux du tableau.
下線部の語を上の表から選んだ語にかえて、もう一度練習しましょう。

🎧 **Développez votre écoute** 発展リスニング ● 1-51

Moi, je suis Amélie. Écoutez puis complétez !
音声を聞き、右の家系図を参考にして文章を完成させましょう。

1. Mon grand-père s'appelle _____ et ma grand-mère s'appelle _____ .
2. Mon père s'appelle _____ et ma mère s'appelle _____ .
3. Mes frères s'appellent _____ et _____ .
4. Mes sœurs s'appellent _____ et _____ .
5. Mes tantes s'appellent _____ et _____ .
6. Mon oncle s'appelle _____ .
7. Mon cousin s'appelle _____ et ma cousine s'appelle _____ .

Vocabulaire : La famille

Arbre généalogique

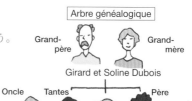
Grand-père / Grand-mère
Girard et Soline Dubois

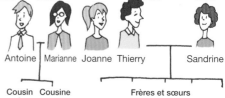
Oncle　Tantes　Père　Mère
Antoine　Marianne　Joanne　Thierry　Sandrine

Cousin　Cousine
Samuel　Sara

Frères et sœurs
Amélie　Catherine　Geoffrey　Pauline　Manuel

Modèle 2 — Dire où on va le week-end　週末にどこに行くかをたずねる

Écoutez et répétez !　音声を聞き、それに続けて発音しましょう。

2-A 🔊 1-52
– Où est-ce que vous allez le week-end ?
– En général, je vais <u>au restaurant</u>.

2-B 🔊 1-53
– Où est-ce que tu vas en semaine ?
– En général, je vais <u>au travail</u>.

Vocabulaire : Mes endroits préférés

au cinéma　映画
au théâtre　劇場

à l'université　大学

à la salle de sport
スポーツセンター

chez des amis
友人の家

Activités

1. Jouez les scènes ci-dessus.
   ペアで上の会話を練習しましょう。
2. Rejouez les scènes en remplaçant les mots soulignés par ceux du tableau ci-dessus.
   下線部の語を上の表から選んだ語にかえて、もう一度練習しましょう。

Modèle 3 — Dire ce qu'on doit faire　しなければならないことを言う

Écoutez et répétez !　音声を聞き、それに続けて発音しましょう。

3-A 🔊 1-54
– Qu'est-ce que vous faites après les cours ?
– Je dois <u>téléphoner à ma mère</u>.

3-B 🔊 1-55
– Qu'est-ce que tu fais après les cours ?
– Je dois <u>aller au boulot</u>.*

＊（くだけた表現）仕事

Vocabulaire : Ce qu'on doit faire

Je dois	téléphoner à mes parents
Tu dois	faire les courses
Il / elle / on doit	étudier
Nous devons	travailler
Vous devez	dormir
Ils / elles doivent	manger des fruits

Activités

1. Jouez les scènes.　ペアで会話を練習しましょう。
2. Jouez les scènes en remplaçant les mots soulignés par ceux du tableau.
   下線部の語と上の表から選んだ語にかえて、もう一度練習しましょう。

🔁 **Échanges**

1. Regardez les images ci-dessous et dites à votre voisin(e) ce que vous devez faire.
   下の絵をもとに、やるべきことをペアの人に話しましょう。
   Modèle : Je dois bien parler en français.
2. Regardez de nouveau les images et dites à votre voisin ce qu'il doit faire.
   再び絵をもとに、やるべきことをペアの人に話しましょう。
   Modèle : Tu dois / Vous devez bien réfléchir.

Compréhension orale

Paul est invité chez Marie. ポールはマリーの家へ招待されます。

Paul	C'est qui sur la photo ?
Marie	Mon père, ma mère, ma petite sœur et moi.
Paul	Ta sœur te ressemble beaucoup !
Marie	On est jumelles !
Paul	Ah bon, d'accord. Et c'est où ?
Marie	Dans notre maison de campagne.

Elle regarde sa montre puis son téléphone portable.

	Zut ! Je dois appeler ma collègue, mais mon portable n'a plus de batterie !
Paul	Tiens, téléphone avec mon portable.
Marie	Merci, c'est gentil.

Questions de compréhension

1. Écoutez et cochez ce que vous entendez ! 音声を聞き、聞こえた文にチェックをつけましょう。

1. C'est qui sur la photo ? ☐
2. Ma petite sœur Julie. ☐
3. On est jumelles ! ☐
4. Et c'est où ? ☐
5. Je dois téléphoner. ☐
6. Je n'ai plus de batterie. ☐

2. Lisez le dialogue puis répondez par vrai ou faux !

対話文を読んで、一致するなら V に、しなければ F にチェックをつけましょう。

1. Sa sœur lui ressemble beaucoup. ☐V ☐F
2. C'est dans leur maison de campagne. ☐V ☐F
3. Paul n'a plus de batterie. ☐V ☐F

Apprenons par cœur ! 暗記してみよう 1-57

Aimer, ce n'est pas seulement aimer bien, c'est surtout comprendre.

愛するとは嫌いにならないことだけではない。とくにわかってあげることなのだ。

フランソワーズ・サ ガ ン
Françoise Sagan （1935-2004・フランスの小説家）, *Un certain regard* （『あるまなざし』）

Leçon 5

Choisir une langue étrangère

Phonétique   **Les sons [ɛ] et [ɛ̃]** [ɛ] と [ɛ̃] の発音

1. Lisez le tableau ! 表を見て、発音しましょう。   🔘1-58

	[ɛ]	[ɛ̃]
prononciation 発音	口から力を抜いて、左右に唇を開きましょう。	[ɛ] に加えて鼻に力を軽くかけましょう。
graphie つづり	è, ai, ê, ei, aî	aim, ain, ein, im, in, ym, yn
exemples 例	élève, lait, tête, neige, faîte	faim, pain, peintre, timbre, vin, sympathique, syndicat

2. Écoutez et entourez le mot entendu ! 音声を聞き、聞こえた単語を○で囲みましょう。

🔘1-59

	[ɛ]	[ɛ̃]
1.	fait	faim
2.	paix	pain
3.	paître	peintre
4.	taire	timbre
5.	vais	vin
6.	sais	sympathique
7.	saisie	syndicat

Conversation

Modèle 1	Demander à quelqu'un la raison pour laquelle il apprend une langue étrangère　なぜ外国語を学んでいるのかをたずねる

Écoutez et répétez !　音声を聞き、それに続けて発音しましょう。

1-A ● 1-60
– Pourquoi apprenez-vous le français ?
– Pour parler avec des francophones.

1-B ● 1-61
– Pourquoi apprends-tu l'anglais ?
– Pour mon travail.

Vocabulaire：Pourquoi apprend-on une langue étrangère ?　なぜ外国語を学ぶのですか

Pour
lire des BD
voyager / les voyages
travailler / le travail
faire des études en France
regarder des films en vo*
parler avec des amis français, russes, anglais, chinois, etc.

＊（映画の）原語版

Activités

1. Jouez les scènes.　ペアで会話を練習しましょう。
2. Rejouez les scènes en remplaçant les mots soulignés par ceux du tableau.
   下線部の語を上の表から選んだ語にかえて、もう一度練習しましょう。

⇄ Échanges

Demandez à votre voisin(e) pourquoi il / elle étudie le français.

なぜフランス語を勉強するのか、ペアの人にたずねましょう。

Modèle 2	Demander à quel moment de la journée on révise 一日のうちで復習する時間帯についてたずねる

Écoutez et répétez !　音声を聞き、それに続けて発音しましょう。

2-A ● 1-62
– Quand révisez-vous vos cours ?
– En général*, je révise le soir.

＊たいてい

2-B ● 1-63
– Quand révises-tu tes cours ?
– En général, je révise le matin.

Vocabulaire：Les moments où on révise　復習する時間帯

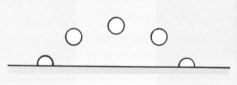

le matin　　l'après-midi　　le soir　　le week-end

Activités

1. Jouez les scènes.　ペアで会話を練習しましょう。
2. Rejouez les scènes en remplaçant les mots soulignés par ceux du tableau.
   下線部の語を上の表から選んだ語にかえて、もう一度練習しましょう。

Modèle 3 — Demander à quelqu'un où il révise
復習する場所についてたずねる

Écoutez et répétez ! 音声を聞き、それに続けて発音しましょう。

3-A 🔘 1-64
– Où révisez-vous vos cours ?
– En général, je révise à la maison.

3-B 🔘 1-65
– Où révises-tu tes cours ?
– En général, je révise dans un café.

Vocabulaire : Les endroits où on révise 復習する場所

à la bibliothèque

à la maison

chez un ami / des amis

dans le train dans le bus dans l'avion

 Activités

🎧 **Développez votre écoute** 発展リスニング 🔘 1-66

Écoutez et notez dans le tableau la langue qu'ils apprennent ainsi que la raison de cet apprentissage. 音声を聞き、彼らが学んでいる言語を書き取り、その理由を記入しましょう。

	La langue	Pourquoi ? Pour / Parce que
1. Luc	l'espagnol	
2. Salima		
3. Shu		
4. Boris		il a un ami russe.

⇄ **Échanges**

Demandez à votre voisin(e) quand, où et pourquoi il / elle étudie l'anglais ou une autre langue.
いつ、どこで、またなぜ英語（あるいはほかの言語）を勉強するのか、ペアの人にたずねましょう。

— Quand révises-tu ? Où révises-tu ? Pourquoi étudies-tu le français / l'anglais, etc... ?

Compréhension orale

Dialogue 🔊1-67

C'est tout ? これで全部ですか？

Sara	Dis*[1] Loïc, pourquoi tu apprends l'arabe ?
Loïc	C'est pour aller en Egypte.
Sara	Pour voir les pyramides, c'est ça ?
Loïc	Oui et surtout pour voir la momie*[2] de Ramsès II.
Sara	C'est tout ?
Loïc	Non, non. J'ai aussi deux amis égyptiens et une amie tunisienne. Et toi, pourquoi étudies-tu le japonais ?
Sara	C'est clair, c'est pour lire des mangas et regarder des dessins animés japonais en vo.
Loïc	C'est tout ?
Sara	Non, non ; je voudrais aller au Japon et parler avec des Japonais, mais je n'ai pas d'amis là-bas.
Loïc	Ça tombe bien. J'ai un copain japonais. Il parle assez bien français. Et il n'a pas beaucoup d'amis français ici.
Sara	Présente-moi ton copain et vite !
Loïc	Pas de problème.
Sara	C'est très sympa. Merci.

*1 ねえ

*2 ミイラ

👤 Questions de compréhension

1. **Écoutez et cochez ce que vous entendez !** 音声を聞き、聞こえた文にチェックをつけましょう。

   1. C'est pour aller en Egypte. ☐
   2. C'est pour voir la momie de Cléopâtre. ☐
   3. Et toi, pourquoi étudies-tu le japonais ? ☐
   4. Pour lire des mangas en ligne. ☐
   5. Parler avec des amis japonais. ☐
   6. Et il n'a pas beaucoup d'amis français ici. ☐

2. **Lisez le dialogue puis répondez par vrai ou faux !**

   対話文を読んで、一致するなら V に、しなければ F にチェックをつけましょう。

   1. Loïc apprend l'arabe pour aller au Maroc. ☐V ☐F
   2. Il a deux amis égyptiens et un ami marocain. ☐V ☐F
   3. Sara apprend le japonais pour aller au Japon. ☐V ☐F
   4. Elle n'a pas d'amis au Japon. ☐V ☐F
   5. Loïc a un copain japonais. ☐V ☐F
   6. Le copain japonais de Loïc n'a pas beaucoup d'amis français. ☐V ☐F

Apprenons par cœur ! 暗記してみよう 🔊1-68

La mathématique est l'art de donner le même nom à des choses différentes.

数学とは異なる事物に同一の名称を与える技術である。

アンリ・ポワンカレ
Henri Poincaré（1854-1912・フランスの数学者）, *Science et méthode*（『科学と方法』）

名詞 ： すべての名詞には文法上の性があり、男性名詞と女性名詞に分けられます。

男性名詞　frère,　hôtel,　Japon,　pays

女性名詞　sœur,　église,　France,　union

女性名詞の大部分は -e で終わっており、男性名詞の大部分は -e 以外で終わっています。

複数形は単数形に s をつけます。

冠詞 ： 冠詞は、名詞の性と数によって異なります。

不定冠詞： un ＋男性単数名詞 ， une ＋女性単数名詞 ， des ＋男・女複数名詞

定冠詞： le ＋男性単数名詞 ， la ＋女性単数名詞 ， les ＋男・女複数名詞

形容詞の性と数：形容詞は関係する名詞や代名詞の性と数に一致して変化します。

男性形＋ e ＝女性形　　単数形＋ s ＝複数形

人称と所有形容詞

	私	きみ	かれ	彼女は	私たち	あなたは	かれらは	彼女は
人称代名詞	je	tu	il	elle	nous	vous	ils	elles
所有形容詞	mon(ma) mes	ton(ta) tes	son(sa) ses		notre nos	votre vos	leur leurs	

否定形 ： ne (n') ＋動詞＋ pas

Je **ne** regarde **pas** la télé.

C'est ～ ：C'est ～ . で「これは（それは）～です。」という表現になります。

C'est un ami. C'est Victor Hugo.

疑問文

1) 尻上がりのイントネーションのみによります。Vous êtes journaliste ?

2) 文頭に Est-ce que をつけます。Est-ce que vous êtes journaliste ?

3) 主語と動詞を倒置させます（代名詞主語のとき：動詞 - 代名詞（単純倒置））。Avez-vous un frère ?

疑問代名詞 （人と物について聞く疑問文の形）

	主語	直接目的語・補語	間接目的語・状況補語
人	Qui	Qui	前置詞＋ qui
	Qui est-ce qui	Qui est-ce que	前置詞＋ qui est-ce que
物		Que	前置詞＋ quoi
	Qu'est-ce qui	Qu'est-ce que	前置詞＋ quoi

疑問副詞 （5W1H を聞く疑問文の形）

いつ　　　　**Quand** arrivez-vous ? / **Quand est-ce que** tu arrives ?

どこで　　　**Où** habitez-vous ? / **Où est-ce que** tu habites ?

どのように　**Comment** vous appelez-vous ? / **Comment est-ce que** tu t'appelles ?

なぜ　**Pourquoi** apprenez-vous le français ? / **Pourquoi est-ce que** tu apprends le français ?

1. フランス学の始祖村上英俊

　日本人はいつからフランス語を学び始めたのでしょうか。またなぜフランス語を学んだのでしょうか。

　村上英俊(えいしゅん)(1811-90)こそが、フランス語を初めて学び、また日本人にフランス語を教えた人物であり、フランス学の創始者です。

　英俊は現在の栃木県に生まれ、蘭方医になるため江戸に遊学しオランダ語を学び医学を修めます。その後に、妹の嫁ぎ先である松代藩(現在の長野県松代町)に移住し、医院を開業します。ここには思想家であり兵学者の佐久間象山(1811-64)が一家を構えており、英俊はその名声に引きつけられたのです。象山はその頃、海防のため沿岸に砲台を築き、大砲を鋳造するよう幕府に訴えていました。これを実現するには、火薬製造の知識が必要であると考え、英俊に相談したところ、英俊は象山にスウェーデンの科学者ベルセリウス(1779-1848)の著した『化学提要』が高く評価されていたことから、それを取り寄せるよう進言しました。

　ところが象山のもとに届いたものは、象山の注文したオランダ語版ではなく、フランス語版でした。そこで象山は英俊にフランス語版を解読するようすすめ、英俊はフランス語の独学に取り組んだのです。とはいえ、日本語で書かれたフランス語の文法書や辞書は存在せず、オランダ語で書かれた文法書と辞書があるのみでした。英俊は5ヶ月をかけて文法書を解読し、ベルセリウスの著作にあたりましたが、一行たりとも理解できませんでした。そこで英俊はさらに16ヶ月にわたり刻苦勉励につとめ、ようやく『化学提要』を読解したといわれています。

　その後、英俊は日本語、フランス語、オランダ語の三言語辞典やフランス語の文法書を作成し、さらに私塾を開き、弟子の育成にもあたり、日本におけるフランス学の創設者となりました。

　英俊は火薬製造のための知識を得たいとの一心からフランス語学習を始めました。幕末においてフランス語学習は実学そのものだったのです。

村上英俊

佐久間象山

ベルセリウス

L'enseignement supérieur

Phonétique | **Les sons [i] et [ɛ]** [i] と [ɛ] の発音

1. **Lisez le tableau !** 表を見て、発音しましょう。　　🔘 1-69

	[i]	[ɛ]
prononciation 発音	唇を大きく左右に開いて、発音しましょう。	唇を軽く左右に開いて、発音しましょう。
graphie つづり	i, î, y	è, ê, e, ai, ei, aî
exemples 例	livre, île, stylo	mère, tête, avec, saison, neige, connaître

2. **Écoutez et entourez le mot entendu !** 音声を聞き、聞こえた単語を○で囲みましょう。

🔘 1-70

	[i]	[ɛ]
1.	livre	lèvre
2.	rime	reine
3.	fil	fer
4.	île	elle
5.	typhon	taire

Conversation

Modèle 1 Demander la spécialité universitaire 大学での専門についてたずねる

Écoutez et répétez ! 音声を聞き、それに続けて発音しましょう。

1-A 1-71

– Quelle est votre spécialité universitaire ?
– Moi, je suis étudiant(e) en sciences de l'éducation*.
– Et lui / elle ?
– Lui / Elle, il / elle est étudiant(e) en droit.

＊教育学

1-B 1-72

– Qu'est-ce que tu étudies à l'université ?
– Moi, je suis étudiant en art*1.
– Et eux / elles ?
– Eux, ils / elles, elles sont étudiant(e)s en sciences humaines*2.

＊1 美術
＊2 人文科学

Activités

1. Jouez les scènes.
   ペアで会話を練習しましょう。
2. Rejouez en remplaçant les mots soulignés par ceux du tableau ci-contre. 下線部の語を右の表から選んだ語にかえて、もう一度練習しましょう。

Vocabulaire :
Les spécialités universitaires 大学の専攻

Moi, je suis	+ en +	droit	法学
Toi, tu es		lettres	文学
Lui, il est		psychologie	心理学
Elle, elle est		philosophie	哲学
Nous, nous sommes		économie	経済学
Vous, vous êtes		informatique	情報工学
Eux, ils sont		technologie	工学
Elles, elles sont		médecine	医学

Modèle 2 Interroger quelqu'un sur ses possibilités 自分に出来ることについて誰かにたずねる

Écoutez et répétez ! 音声を聞き、それに続けて発音しましょう。

2-A 1-73

– Est-ce que vous pouvez écrire un mail en anglais ?
– Oui, je peux.

2-B 1-74

– Est-ce que vous pouvez parler trois langues ?
– Oui, je peux.
– Est-ce que tu peux écrire un roman* de 500 pages ?
– Non, je ne peux pas.

＊小説

Activités

1. Jouez les scènes.　ペアで会話を練習しましょう。
2. Rejouez les scènes en remplaçant les mots soulignés par ceux du tableau ci-dessous.
   下線部の語を下の表から選んだ語にかえて、もう一度練習しましょう。

Vocabulaire : Pouvoir / Ne pas pouvoir

Je peux	Je **ne** peux **pas**	changer d'université 大学を変える
Tu peux	Tu **ne** peux **pas**	voyager sans passeport パスポートを持たずに旅行する
Il / Elle peut	Il / Elle **ne** peut **pas**	changer d'études 研究を変える
On peut	On **ne** peut **pas**	faire une conversation en anglais 英語で会話をする
Nous pouvons	Nous **ne** pouvons **pas**	étudier et travailler 勉強をして仕事をする
Vous pouvez	vous **ne** pouvez **pas**	avoir deux spécialités 二つの専門をもつ
Ils / Elles peuvent	Ils / Elles **ne** peuvent **pas**	parler trois langues 三言語を話す

⇄ **Échanges**

Posez les questions suivantes à votre voisin(e).　ペアの人に次の質問をしましょう。

1. Est-ce que tu peux te lever à 4 heures du matin ?
2. Est-ce que tu peux parler bien anglais ?
3. Peux-tu regarder un film d'horreur*1 seul(e) ?
4. Tu peux me prêter*2 10 000 yens ?
5. Peux-tu venir avec moi à Paris, cet été ?

＊1 ホラー映画
＊2 貸す

Compréhension orale

Dialogue 🔊1-75

Baccalauréat バカロレア

Et ça marche ?

Deux étudiants discutent. 二人の学生が話し合う。

Sophie	Est-ce qu'on peut s'inscrire*1 en médecine avec un bac ES ?	*1 登録する
Olivier	On peut très bien mais le concours*2 est difficile. J'ai un ami, lui, il est étudiant en médecine avec un bac ES et son frère est en économie avec un bac Lettres.	*2 入試
Sophie	Vraiment ?	
Olivier	Oui, oui.	
Sophie	Et ça marche leurs études ?	*3 はっきり *4 それでも
Olivier	Pour mon ami, franchement*3, ça ne marche pas bien. Mais pour son frère ça va.	*5 やる気がある *6 情熱のある
Sophie	Ça ne marche pas même si*4 on est très motivé*5 et passionné*6 ?	
Olivier	La motivation et la passion, ça ne suffit pas. Il faut être très bon en mathématiques, chimie*7 et physique.*8	*7 化学 *8 物理学
Sophie	Ah, bon, je vois. Tu sais, moi, je n'aime pas beaucoup les maths.	
Olivier	Alors, pas la médecine. Inscris-toi en psychologie par exemple !	
Sophie	Pourquoi pas ? En plus, je m'intéresse à Freud et je voudrais lire son livre *Totem et Tabou*.	
Olivier	Il est en ligne*9 et c'est gratuit.	*9 オンライン上にある
Sophie	Ah oui ? Merci.	

Baccalauréat（通称Bac）とは高等教育へのアクセスを可能にする大学入学資格です。大きく三種類に分類され、それぞれが更に三つに分類されています。例えば、経済と社会を中心とするBac ES, 文学を中心とするBac Lettresがあります。

👤 Questions de compréhension

1. Écoutez et cochez ce que vous avez entendu !

音声を聞き、聞こえた文にチェックをつけましょう。

1. Je ne peux pas m'inscrire en médecine. ☐

2. On peut très bien. ☐

3. Et ça marche ses études de médecine ? ☐

4. Son frère est excellent en économie. ☐

5. Il faut être très bon. ☐

6. Je voudrais lire tous ses livres. ☐

2. Lisez le dialogue puis répondez par vrai ou faux !

対話文を読んで、一致するなら V に、しなければ F にチェックをつけましょう。

1. Sophie voudrait s'inscrire en informatique. ☐V ☐F

2. Elle ne peut pas s'inscrire en médecine. ☐V ☐F

3. Le frère de l'ami d'Olivier est étudiant en économie. ☐V ☐F

4. Sophie s'intéresse à Freud. ☐V ☐F

Apprenons par cœur ! 暗記してみよう 🔊1-76

Le vent se lève ! ... il faut tenter de vivre ! 風立ちぬ、さあ、生きなければならない。

Paul Valéry（1871-1945・フランスの思想家，詩人），*Le Cimetière marin*（「海辺の墓地」）

Leçon 7

La vie d'étudiant

Phonétique   **Les voyelles orales [y] et [u]**   [y]と[u]の発音

1. Lisez le tableau ! 表を見て、発音しましょう。   ● 1-77

	[y]	[u]
prononciation 発音	唇を強く外へ突き出し、 声が高くなるように	唇を強く外へ突き出し、 声を抑えて聞こえるように
graphie つづり	u, û	ou, où
exemples 例	usine, lune, sûr	vous, journal, où

2. Écoutez et entourez le mot entendu ! 音声を聞き、聞いた単語を○で囲みましょう。

● 1-78

	[y]	[u]
1.	dur	doux
2.	lu	loup
3.	rue	roue
4.	mue	mou
5.	sûr	sous

Conversation

Modèle 1 **Demander à quelqu'un s'il travaille** バイトについてたずねる

Écoutez et répétez ! 音声を聞き、それに続けて発音しましょう。

1-A 🔘 1-79

– Est-ce que vous travaillez ?
– Oui. J'ai un petit boulot. Je suis
  livreur de pizza.
– Livreur de pizza, c'est plus distrayant*
  que vigile.
  *おもしろい

1-B 🔘 1-80

– Est-ce que tu as un petit boulot ?
– Oui, je suis baby-sitter.
  Et baby-sitter, c'est moins dur que
  caissière.

Vocabulaire 1 : Quelques métiers d'étudiant

baby-sitter

livreur de pizza

caissier(ère)

vigile

vendeur(se)

serveur(se)

Vocabulaire 2 : Comparons les métiers ! 職業を比較してみましょう。

= Serveur(se), c'est aussi intéressant que baby-sitter.

> Livreur de pizza, c'est plus distrayant que vigile.

> Vigile, c'est mieux payé que serveur.

> Livreur de pizza, c'est plus dangereux que serveur.

< Vendeur(se) c'est moins bien que caissier(ère).

> Secrétaire, c'est plus agréable que caissier(ère).

Activités

1. Jouez les scènes. ペアで会話を練習しましょう。

2. Rejouez les scènes en remplaçant les mots et les phrases soulignés par ceux des tableaux
   ci-dessus. 下線部の語を表1と2から選んだ単語にかえて、もう一度練習しましょう。

⇄ **Échanges**

Posez les questions suivantes à votre voisin(e). ペアの人に次の質問をしましょう。

1. Est-ce que tu as un petit boulot ?

2. C'est comment ? (ex.: c'est plus cool que serveur, etc.) 自分の仕事を別の仕事と比較して説明
   しましょう。

Modèle 2 — Demander à quelqu'un s'il fait partie d'un club

ペアを組んで、サークルに入っているかどうかをたずねる

Écoutez et répétez ! 音声を聞き、それに続けて発音しましょう。

2-A 1-81
– Est-ce que vous faites partie d'un club ?
– Oui. Je fais partie du club de tennis de mon université.

2-B 1-82
– Est-ce que tu fais partie d'un club ?
– Non, je ne fais pas partie d'un club. Je n'ai pas le temps / Je n'aime pas ça.

Activités

1. Jouez les scènes. ペアで会話を練習しましょう。

2. Rejouez en remplaçant les mots et les phrases soulignés par ceux du tableau ci-dessous.
   下線部の語を下の表から選んだ語にかえて、もう一度練習しましょう。

⇄ Échanges

Posez les questions suivantes à votre voisin(e). ペアの人に次の質問をしましょう。

1. Est-ce que tu fais partie d'un club universitaire ?
   あなたはサークルに入っていますか？

2. Quel jour tu vas au club ?
   何曜日にサークルへ行きますか？

Vocabulaire : Les clubs universitaires

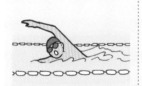			
Je fais partie du club de natation.	Tu fais partie du club de karaté.	Il fait partie du club d'art.	Elle fait partie du club de danse.

Nous faisons partie du club de théâtre.	Vous faites partie du club de foot.	Ils font partie du club de sciences.	Elles font partie du club d'anglais.

Compréhension orale

Dialogue 🔊 1-83

La meilleure raquette 一番良いラケット

Devant la vitrine d'un magasin de sports, Paul, choisit une raquette avec Hideo, un copain du club.

C'est sûrement une bonne affaire !

Paul	Qu'est-ce que tu penses de la raquette de gauche ?
Hideo	Elle est plus jolie que celle de droite.
Paul	C'est normal, elle est plus chère. Son tamis*1 est meilleur.
Hideo	Et il est plus large.
Paul	Notre professeur recommande de grands tamis pour les débutants.
Hideo	Alors, tu dois prendre celle-ci.
Paul	Mais regarde le prix !
Hideo	Je pense qu'elle est un peu chère mais c'est sûrement une bonne affaire.*2
Paul	Bon, je la prends et je fais des économies.*3
Hideo	Bon courage !

*1 ネット

*2 お買得
*3 節約する

👤 Questions de compréhension

1. **Écoutez et cochez ce que vous entendez !** 音声を聞き、聞こえた文にチェックをつけましょう。

1. Qu'est-ce que tu penses de cette raquette ? ☐

2. Elle est plus légère que celle de droite. ☐

3. Son tamis est meilleur. ☐

4. Notre professeur ne recommande pas les petits tamis. ☐

5. C'est sûrement une bonne affaire. ☐

6. J'étudie l'économie. ☐

2. **Lisez le dialogue puis répondez par vrai ou faux !**
対話文を読んで、一致するなら V に、しなければ F にチェックをつけましょう。

1. La raquette de gauche est plus jolie que celle de droite. ☐V ☐F

2. Le tamis de la raquette de droite est meilleur. ☐V ☐F

3. Le tamis de la raquette de droite est moins large. ☐V ☐F

4. Paul prend la raquette de gauche. ☐V ☐F

Apprenons par cœur ! 暗記してみよう 🔊 1-84

Nous ne pouvons procéder pour nous instruire, que du connu à l'inconnu.
われわれは、既知のものから未知のものへと進むことによってのみ、学ぶことができる。
アントワーヌ ＝ローラン ・ド・ ラヴォアジエ
Antoine Laurent de Lavoisier(1743-1794フランスの化学者),*Traité élémentaire de chimie*(『科学原論』)

Leçon 8

Loisirs et nourriture

Phonétique　**Les sons [ø] et [œ]**　[ø] と [œ] の発音

1.　Lisez le tableau !　表を見て、発音しましょう。　1-85

	[ø]	[œ]
prononciation 発音	口を少し開けて、 唇を丸めて発音しましょう。	口を大きく開けて、 唇を丸めて発音しましょう。
graphie つづり	eu, œu	eu, œu, œ
exemples 例	deux, bleu, mieux, vœu, œufs	fleur, jeune, sœur, cœur, œil

2.　Écoutez et entourez le mot entendu !　音声を聞き、聞こえた単語を○で囲みましょう。

1-86

	[ø]	[œ]
1.	peu	peur
2.	queue	cœur
3.	nœud	neuf
4.	bœufs	beurre
5.	œsophage	œil

Conversation

Modèle 1 | **Demander à quelqu'un ce qu'il préfère manger et boire** 好きな食べものや飲みものをたずねる

Écoutez et répétez ! 音声を聞き、それに続けて発音しましょう。

1-A 1-87
– Qu'est-ce que vous préférez manger,
  du poisson ou de la viande ?
– Du poisson.

1-B 1-88
– Tu préfères boire du jus de fruit ou du
  thé ?
– Du thé.

Vocabulaire 1 : À manger et à boire

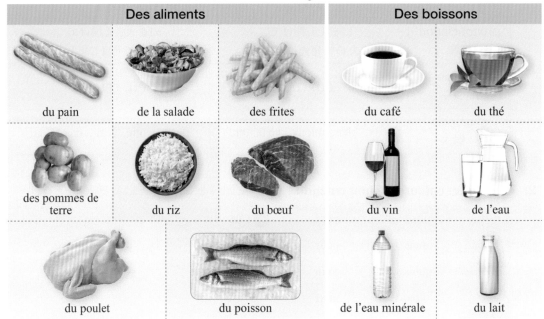

Des aliments	Des boissons
du pain / de la salade / des frites	du café / du thé
des pommes de terre / du riz / du bœuf	du vin / de l'eau
du poulet / du poisson	de l'eau minérale / du lait

Activités

1. Jouez les scènes.
   ペアで会話を練習しましょう。

2. Rejouez en remplaçant les mots soulignés par ceux du tableau.
   下線部の単語を上の表から選んだ語にかえて、もう一度練習しましょう。

⇄ **Échanges**

Posez les questions suivantes à votre voisin(e). ペアの人に次の質問をしましょう。

– Qu'est-ce que tu manges / bois le matin au petit déjeuner, au déjeuner et au dîner ?

Exemples

Au petit déjeuner, je mange du riz, de la soupe de miso, du poisson et je bois du thé japonais.
Au déjeuner, je mange des pâtes, de la viande, des légumes et je bois du café au lait.
Au dîner, je mange du poisson, des légumes, du riz, de la soupe de miso et je bois du thé japonais.

| Modèle 2 | **Se renseigner sur la cuisine d'un pays** |

ある国の料理についてたずねる

Écoutez et répétez !　音声を聞き、それに続けて発音しましょう。

┌─ 2-A ─ ● 1-89 ────────────────
– Quels sont les plats les plus populaires en France ?
– Le coq au vin par exemple.
– Qu'est-ce qu'il y a dans le coq au vin ?
– Il y a du vin, du poulet, du céleri, de l'huile, du sel, du poivre, de l'ail et de l'eau, etc.

┌─ 2-B ─ ● 1-90 ────────────────
– Quels sont les plats les plus populaires au Japon ?
– Les Japonais aiment bien l'okonomiyaki par exemple.
– Qu'est-ce qu'il y a dedans ?
– En général, on met de la farine, du chou et de la seiche.

Vocabulaire 2 : Quelques plats traditionnels français.

le bœuf bourguignon
du bœuf,
des carottes,
du vin, etc...

le gratin dauphinois
des pommes de terre,
du lait,
de la crème, etc...

le cassoulet
des haricots,
des saucisses,
de l'ail,
de l'oignon,
etc...

Activités

1. Jouez les scènes.　ペアで上の会話を練習しましょう。
2. Rejouez en remplaçant les mots soulignés par ceux des tableaux.
下線部の語を表1と2から選んだ語にかえて、もう一度練習しましょう。

⇄ **Échanges**

Posez la question suivante à votre voisin(e).　ペアの人に次の質問をしましょう。
– Qu'est-ce qu'il y a dans les plats 1 et 2 ?

1. 肉じゃが

2. お好み焼き

Compréhension orale

Au restaurant la Cigogne　レストランのラ・シゴーニュにて

Romain et Lucie sont au restaurant la Cigogne.

Le serveur　Messieurs-dames, bonsoir !
　　　　　　Voici la carte. Vous prenez un apéritif ?

Romain　　Non, merci. De l'eau minérale, s'il vous plaît.

Le serveur　D'accord.

Le serveur s'en va. Ils regardent la carte.

Romain　　Ici le hors-d'œuvre d'artichauts[1] est délicieux.

Lucie　　　Alors, on en prend deux.

Romain　　Je voudrais manger un bœuf bourguignon. Et toi ?

Lucie　　　Moi, ce soir, je voudrais manger du poisson.

Romain　　D'accord. Donc un poisson meunière ?

Lucie　　　C'est ça.

Le serveur arrive.

Le serveur　Bon, je vous écoute.

Lucie　　　Deux hors-d'œuvre d'artichauts, un bœuf bourguignon et un poisson meunière.

[1] アーティチョーク

....

Le serveur　Un café pour digérer[2] ?

Lucie　　　D'abord la carte des desserts, s'il vous plaît !

Le serveur　Mais madame................ ;

Romain　　En fait, j'ai commandé un gâteau pour fêter ton anniversaire.

[2] 消化する

👤 Questions de compréhension

1. Écoutez et cochez ce que vous entendez !　音声を聞き、聞こえた文にチェックをつけましょう。

1. Madame, bonsoir !　　　　　　☐　　4. Vous prenez du vin ?　　　　☐

2. Vous prenez un apéritif ?　　　☐　　5. Un café pour digérer ?　　　☐

3. Je voudrais manger du poisson.　☐　　6. Le dessert est offert.　　　　☐

2. Lisez le dialogue puis répondez par vrai ou faux !

対話文を読んで、一致するなら V に、しなければ F にチェックをつけましょう。

1. Ils ne prennent pas d'apéritif.　　　　　　☐V　　☐F

2. Il prend un poisson meunière.　　　　　　☐V　　☐F

3. Ils prennent deux hors-d'œuvre d'artichauts.　☐V　　☐F

4. Il n'y a pas de dessert.　　　　　　　　☐V　　☐F

Apprenons par cœur !　暗記してみよう　🔊1-92

L'amour-propre est le plus grand de tous les flatteurs.

いかなるおべっか使いも自尊心にはかなわない。

フランソワ・ド・ラ・ロシュフーコー
François de La Rochefoucauld（1613-1680・フランスのモラリスト文学者）, *Les Maximes*（『格言』）

Leçon 9

Les Français et le cinéma

Phonétique   **Les sons [ə] et [œ]**   [ə] と [œ] の発音

1. **Lisez le tableau !** 表を見て、発音しましょう。   1-93

	[ə]	[œ]
prononciation 発音	力を抜いて口を少し丸めましょう。舌は前。	力を抜いて口を大きく丸めましょう。舌は前。
graphie つづり	e	eu, œu
exemples 例	le, me, te, atelier, petit	fleur, cœur, œuf, sœur, œillet

2. **Écoutez et entourez le mot entendu !** 音声を聞き、聞いた単語を○で囲みましょう。

	[ə]	[œ]	
			● 1-94
1.	le	leurre	
2.	me	meurt	
3.	se	sœur	
4.	que	cœur	

Conversation

Modèle 1	**Demander à quelqu'un ce qu'il va faire le week-end** 人に週末の計画についてたずねる

Écoutez et répétez !　音声を聞き、それに続けて発音しましょう。

1-A 🔘 1-95
– Qu'est-ce que vous allez faire
　ce week-end ?
– Je vais <u>voir un film</u> au cinéma.

1-B 🔘 1-96
– Qu'est-ce que tu vas faire
　ce week-end ?
– Je vais <u>aller à un concert</u>.

Vocabulaire : Projets de week-end

Je vais Tu vas Il / Elle / On va	voir / regarder	un film un DVD	une pièce de théâtre un spectacle	
Nous allons Vous allez Ils / Elles vont	aller	au restaurant à la discothèque à la campagne	chez des amis à un concert à la mer	au cinéma

👫 Activités

1. Jouez les scènes ci-dessus.　ペアで会話を練習しましょう。

2. Rejouez les scènes en remplaçant ce qui est souligné par les éléments du tableau ci-dessus.
下線部の語を上の表から選んだ語にかえて、もう一度練習しましょう。

3. Rejouez les scènes en remplaçant les sujets « vous » et « tu » par « il / elle » ou « ils / elles » par exemple.　« vous » と « tu » を « ils / elles » や « il / elle » などの他の人称代名詞にかえて、もう一度練習をしましょう。

🎧 **Développez votre écoute**　発展リスニング　🔘 1-97

Écoutez et notez leur réponse à la question : « Qu'est-ce que vous allez faire pendant les vacances ? »
音声を聞いて、「ヴァカンスのときに何をするつもりですか？」という質問に対する答えを表に書きいれましょう。

	Regarder des DVD	Travailler	S'amuser	Aller au cinéma	Lire	Pas de projet
1. Carène						
2. Haruo						
3. Loïc						
4. Amandine						
5. Aline						

Modèle 2 — Dire ce qu'on vient de faire 自分が行ったばかりのことを言う

Écoutez et répétez ! 音声を聞き、それに続けて発音しましょう。

> 2-A 🔘 1-98
>
> – Je viens de voir le film Barbecue.
> – Comment s'appelle le réalisateur ?
> – Il s'appelle Éric Lavaine.
> – Je viens de regarder le DVD de la Reine Margot.
> – C'est qui le réalisateur ?
> – C'est Patrice Chéreau.

Vocabulaire : Quelques films français et leur réalisateur

Le film / le DVD		Le réalisateur 監督
Chacun cherche son chat	猫が行方不明	Cédric Klapisch
Peut-être	パリの確率	Cédric Klapisch
Les Visiteurs	おかしなおかしな訪問者	Jean-Marie Poiré
Cyrano de Bergerac	シラノ・ド・ベルジェラック	Jean-Paul Rappeneau

👫 Activités

1. Jouer les scènes ci-dessus.
    ペアで上の会話を練習しましょう。

2. Rejouez les scènes en remplaçant ce qui est souligné par les éléments du tableau.
    下線部の語を右の表から選んだ語にかえて、ペアでもう一度会話をしましょう。

⇄ **Échanges**

Posez-vous les questions suivantes. ペアの人に次の質問をしましょう。

– Qu'est-ce que tu viens de faire ? / – Qu'est-ce que tu vas faire après le cours ?

Compréhension orale

Dialogue ●1-99

Je vais voir le film américain *Noé* ! アメリカ映画の『ノア』を観に行きます。

Irène	Samedi prochain, je vais voir le film américain *Noé*. D'après les commentaires sur Facebook, les effets spéciaux[1] sont magnifiques.
Sébastien	Certains internautes[2] trouvent qu'il est un peu trop long. Deux heures et demie !
Irène	Oui, je sais, c'est un peu long.
Sébastien	Mais tu adores les films historiques, n'est-ce pas ?
Irène	Oui, j'adore ça. Ça t'intéresse de venir avec moi ?
Sébastien	J'ai vraiment envie d'y aller, mais avec Laurène, on va aller au concert de Lady Gaga.
Irène	Quoi ! Elle est horrible !
Sébastien	Pourquoi tu penses ça ?
Irène	Je viens de voir dans un magazine une photo d'elle, habillée d'une robe en viande !
Sébastien	Ah, les artistes ! Ils aiment choquer les gens.

[1] 特殊効果
[2] インターネット利用者

Questions de compréhension

1. **Écoutez et cochez ce que vous entendez !** 音声を聞き、聞こえた文にチェックをつけましょう。

    1. Il n'est pas mal. ☐
    2. Les effets spéciaux sont magnifiques. ☐
    3. Certains utilisateurs de Twitter trouvent qu'il est ennuyeux. ☐
    4. J'ai vraiment envie d'y aller. ☐
    5. Elle est habillée en rouge. ☐
    6. Ils aiment choquer les gens. ☐

2. **Lisez le dialogue puis répondez par vrai ou faux !**

    対話文を読んで、一致するなら V に、しなければ F にチェックをつけましょう。

    1. Les effets spéciaux sont excellents. ☐V ☐F
    2. C'est un film de 2h30. ☐V ☐F
    3. Irène déteste les films historiques. ☐V ☐F
    4. Sébatien va au concert de Lady Gaga. ☐V ☐F
    5. Lady Gaga aime choquer les gens. ☐V ☐F

Apprenons par cœur ! 暗記してみよう ●2-01

Le bon sens est la chose du monde la mieux partagée.

良識はこの世で最も公平に配分されているものだ。

ルネ・デカルト
René Descartes （1596-1650・フランスの哲学者）, *Discours de la méthode* （『方法序説』）

Les Français et les vacances

Phonétique **Les sons [b] et [v]** [b] と [v] の発音

1. **Lisez le tableau !** 表を見て、発音しましょう。 2-02

	[b]	[v]
prononciation 発音	上下の唇を近づけて [b] という 小さな破裂音を発する。	上の歯を下の唇の上に軽く乗せる。
graphie つづり	b	v
exemples 例	boire, bateau	ville, vent

2. **Écoutez et entourez le mot entendu !** 音声を聞き、聞こえた単語に○を付けましょう。

	[b]	[v]	2-03
1.	bain	vin	
2.	boire	voir	
3.	bas	va	
4.	beau	veau	

Conversation

Écoutez et répétez ! 音声を聞き、それに続けて発音しましょう。

> **1-A** 🔘 2-04
> – Que font les <u>Français</u> pendant les vacances ?
> – En général, ils partent <u>à la mer</u>.
> – Avec qui ils y vont ?
> – Ils y vont <u>en famille ou / et avec des amis</u>.

Vocabulaire : Où passer ses vacances et avec qui ?

	Des destinations de vacances	Avec qui ?
les Japonais	à la mer / à la campagne / à l'étranger /	seul(s) / en famille /
les Italiens	dans les pays du sud-est asiatique (東南アジア諸国の) /	avec des amis
les Chinois	à Paris / chez des amis	avec leur chien

Activités

1. Jouez les scènes. ペアで会話を練習しましょう。

2. Rejouez en remplaçant ce qui est souligné par les éléments du tableau.
    下線部の語を上の表から選んだ語にかえて、もう一度練習しましょう。

🎧 **Développez votre écoute** 発展リスニング 🔘 2-05

Écoutez ! Notez leur destination et avec qui ils vont en vacances !
音声を聞き、ヴァカンスの目的地と誰と一緒に行くのか、適当な欄に○をつけましょう。

		1. Lucie	2. Misuzu	3. Nadine	4. Romain
Destination	à l'étranger				
	en Corée				
	au Japon				
	en Grèce				
	à la mer				
	à la campagne				
Avec qui ?	seul(e)				
	en famille				
	avec des amis				

Modèle 2 — Demander un conseil pour les vacances
ヴァカンスについてアドバイスを求める

Écoutez et répétez ! 音声を聞き、それに続けて発音しましょう。

2-A 2-06

– Je voudrais partir en vacances. Vous pouvez me recommander un pays ?
– Allez en Indonésie ! Les plages sont belles, et ce n'est pas cher !

2-B 2-07

– J'irais bien en vacances ! Tu peux me recommander un pays ?
– Va / Pars en Italie ! Il y a beaucoup de monuments à voir.

Vocabulaire : Quelques conseils pour les vacances

Pars !	en Thaïlande	C'est beau / intéressant / exotique.
Partez !	en France	Ce n'est pas cher.
	en Italie	Il y a beaucoup de monuments à voir.
Va !	en Grèce	La mer est belle.
Allez !	en Tunisie	

Activités

1. Jouez les scènes. ペアで会話を練習しましょう。

2. Rejouez en remplaçant ce qui est souligné par les éléments du tableau.
   下線部の語を上の表から選んだ語にかえて、もう一度練習しましょう。

⇄ **Échanges**

Posez-vous la question suivante. ペアの人に次の質問をしましょう。

– J'irais bien en vacances à l'étranger. Vous pouvez me conseiller un pays ?

Compréhension orale

Dialogue ▶ 2-08

Allons en Espagne ou en Tunisie ! スペインかチュジニアへ行きましょう。

Valérie	Où est-ce qu'on va aller cet été ?
Léopold	Allons en Espagne ou en Tunisie !
Valérie	J'aime les deux. Donc tu peux choisir, toi.
Léopold	Henri, mon collègue, vient de rentrer de Tunisie.
	Il est très content de ses vacances. L'hôtel est très bon marché, la
	Méditerranée est belle, et les Tunisiens sont très sympathiques.
Valérie	Mais il fait très chaud en juillet et en août !
Léopold	En été, il n'y a pas de grande différence de climat avec l'Espagne.
Valérie	Alors, allons en Tunisie, c'est plus exotique.
Léopold	Tu peux réserver deux places sur Tunisair*, s'il te plaît ?
Valérie	Ah, non ! Cette année, c'est ton tour de le faire.

＊チュニスエアー（チュニジアの航空会社）

Questions de compréhension

1. Écoutez et cochez ce que vous entendez ! 音声を聞き、聞こえた文にチェックをつけましょう。

1. Où est-ce qu'on va aller cet été ? ☐
2. J'aime les deux. ☐
3. Il vient de rentrer de voyage. ☐
4. Mais il fait très chaud. ☐
5. C'est plus moderne. ☐
6. Tu peux réserver deux places sur Tunisair, s'il te plaît ? ☐

2. Lisez le dialogue puis répondez par vrai ou faux !

対話文を読んで、一致するなら V に、しなければ F にチェックをつけましょう。

1. Valérie aime la Tunisie et l'Espagne. ☐V ☐F
2. En Tunisie, les hôtels sont bon marché. ☐V ☐F
3. Le service n'est pas bon. ☐V ☐F
4. En Espagne, il fait plus chaud qu'en Tunisie. ☐V ☐F
5. La Tunisie est plus exotique que l'Espagne. ☐V ☐F
6. Léopold va réserver deux places sur Tunisair. ☐V ☐F

Apprenons par cœur ! 暗記してみよう ▶ 2-09

Dis-moi ce que tu manges, je te dirai ce que tu es.

何を食べているか言いたまえ、そうすれば、あなたが何者であるかを教えよう。

ジャン＝アンテルム・ブリア＝サヴァラン
Jean Anthelme Brillat-Savarin（1755-1826・フランスの法律家，政治家），
Physiologie du goût（『味覚の生理学』）

Grammaire

比較級	「…より…だ」... plus ＋形容詞・副詞 + que ...
	「…と同じくらい…だ」... aussi ＋形容詞・副詞 + que ...
	「…ほど…ではない」... moins ＋形容詞・副詞 + que ...

Je suis **plus** intelligent **que** lui.
Vous êtes **aussi** sympathique **que** lui.
Elle voit Jean **moins** souvent **que** l'année dernière.

最上級 定冠詞 + plus (moins) + 形容詞 + 名詞
定冠詞 + 名詞 + 定冠詞 + plus (moins) + 形容詞
le plus (moins) + 副詞

C'est **le plus** long fleuve de France.
Ce sont les monuments **les plus** célèbres de France.
C'est le T.G.V. qui roule **le plus** vite de tous les trains du monde.

命令形

	danser	partir	aller
(tu)	**Danse !**	**Pars!**	**Va !**
(vous)	**Dansez !**	**Partez !**	**Allez !**
(nous)	**Dansons !**	**Partons !**	**Allons !**

近接未来・近接過去 近接未来 「…しようとしている（するでしょう）」→ aller ＋不定詞
Tu ne comprends pas ? Alors, je **vais** t'expliquer.
近接過去 「…したところだ（したばかりだ）」→ venir de ＋不定詞
Je **viens d'**arriver.

疑問形容詞

	単数	複数
男性	quel	quels
女性	quelle	quelles

quelは後ろに来る名詞、主語の名詞の性と数によって数が変化します。
1) 名詞を修飾する用法
Quels films aimez-vous ? **Quelles** chansons préférez-vous ?
2) 補語（属詞）としての用法
Quel est votre nom ?   **Quelle** est votre nationalité ?

部分冠詞 ：数えられないものの若干量をあらわす時には、「部分冠詞」をつけます。

du (de l') ＋男性名詞 **du** fromage   **de l'**air
de la (de l') ＋女性名詞 **de la** salade   **de l'**eau

冠詞の縮約 ：àまたはdeの後に定冠詞のle またはlesがくると、これらは必ず合体します。

à + le →au   à + le café → **au** café
à + les →aux   à + les toilettes → **aux** toilettes
de + le →du   de + le cinéma → **du** cinéma
de + les →des   de + les cinémas → **des** cinémas

2. 旧制高等学校のフランス語教育

　第2次世界大戦前において外国語教育の中心地は旧制高等学校でした。旧制高等学校とは1894年から1950年まで設置され、帝国大学に独占的に進学できた高等教育機関で、現在の大学の教養課程に相当する教育を実施していました。しかし学校数は全国でわずかに33校を数えるのみでした。

　旧制高等学校は外国語教育を重視し、英語、ドイツ語、フランス語から2言語を選択する多言語教育を実施していました。第1外国語は週あたりおよそ11時間、第2外国語も週あたり6時間が配置され、カリキュラムの1/3は外国語教育に当てられていました。

　この中でフランス語はどのように教育されていたでしょうか。フランス語教育を実施していた高等学校はごく少数で、全国で7校にすぎませんでした。第一高等学校（現在の東京大学）、浦和高等学校（埼玉大学）、東京高等学校（東京大学）、静岡高等学校（静岡大学）、第三高等学校（京都大学）、大阪高等学校（大阪大学）、福岡高等学校（九州大学）の7校であり、フランス語を第1外国語として選択する学生は全国の学生全体の5%にものぼりませんでした。なかでも理系でフランス語を選択する学生はわずか全国で50名程度でした。

　なぜ旧制高等学校は外国語教育を重視したのでしょうか。これは外国語学習が教養の育成に役立つことに加えて、当時の大学の専門教育のあり方と深い関係があります。現在の日本の大学ではどのような専門であれ日本語による教育研究を進めることができますが、戦前の大学では参考文献などに外国語の文献を使用することが多く、専門教育を理解するためには高度な外国語の能力が不可欠だったのです。

　この中でフランス語はフランス文学での教育研究に加えて、主として法学の教育研究に求められていました。お雇いフランス人法学者のボアソナード（1825-1910）が日本の司法制度の中で刑法（旧）や治罪法などを策定したことから、日本の法学研究はフランス法の知識を必要とし、そのためにフランス語が求められていたのです。

　このように戦前では少数の若きエリートたちが旧制高等学校に集い、大学での専門教育を目指しながら、フランス語学習に取り組んでいたのです。

ギュスターヴ・エミール・ボアソナード・
ド・フォンタラビー，1825-1910

Les Français et les mangas

Phonétique   **Les sons [b] et [p]**   [b] と [p] の発音

1.   **Lisez le tableau !**   表を見て発音しましょう。   🔘 2-10

	[b]	[p]
prononciation 発音	上下の唇を近づけて [b] という 小さな破裂音を発する。 声帯を震わせる	[b] と同じように唇を動かすが、 [p] は声帯を震わせない
graphie つづり	b	p
exemples 例	boire, bateau	poire, par

2.   **Écoutez et entourez le mot entendu !**   音声を聞いて、聞こえた単語を○で囲みましょう。   🔘 2-11

	[b]	[p]
1.	bain	pain
2.	boire	poire
3.	bas	pas
4.	beau	pot

Conversation

Modèle 1	**Demander à quelqu'un ce qu'il aime le plus comme manga ou BD** （日本の）マンガかバンド・デシネ（BD）の中で何が一番好きかをたずねる

Écoutez et répétez ! 音声を聞き、それに続けて発音しましょう。

1-A 2-12

– Quel est le manga que vous aimez le plus ?
– Celui que j'aime le plus, c'est *One piece* d'Eichiro Oda.
– Quelle est la BD* que tu aimes le plus ?
– Celle que j'aime le plus, c'est *Les aventures de Tintin* d'Hergé.

＊フランスやベルギーで作られた漫画

Vocabulaire : Quelques manga et BD

Dragon Ball de Akira Toriyama
写真：ロイター／アフロ

Astérix de Goscinny et Uderzo

 Activités

1. Jouez les scènes ci-dessus.
   ペアで上の会話を練習しましょう。

2. Rejouez en remplaçant ce qui est souligné par les éléments du tableau.
   下線部の語を右の表から選んだ語をかえて、もう一度練習しましょう。

Pokémon
写真：Nicolas Datiche／アフロ

Titeuf de Philippe Chappuis (Zep)

⇄ **Échanges**

Posez-vous la question suivante. ペアの人に次の質問をしましょう。

– Quel est le manga / Quelle est la BD que vous aimez / que tu aimes le plus ?

🎧 **Développez votre écoute** 発展リスニング 2-13

Écoutez et notez leur réponse ! 音声を聞き、例にならって、答えましょう。

	Refus	Accord	Raison du refus	Raison de l'accord
1. Paul	○		Il va lire le manga.	
2. Marine				
3. Marion				
4. Christian				

※フランス・マルセイユで開催された、ヒーロー・フェスティバルの様子

Modèle 2 — Se renseigner sur la consommation d'un pays
ある国の消費についてたずねる

Écoutez et répétez !   音声を聞き、それに続けて発音しましょう。

(2-A) 🔘 2-14

– Qu'est-ce que les Français consomment le plus ?
– Ils consomment surtout de la viande et des gâteaux.
– À quoi s'intéressent-ils le plus ?
– Ils s'intéressent surtout au cinéma, aux mangas et à la mode.

Vocabulaire : Consommation dans quelques pays

Pays	Nourriture et boisson		Produits culturels	
Les Américains	des hamburgers et du coca		le cinéma et la musique	
Les Chinois	des nouilles et du thé au jasmin		les arts martiaux	
Les Italiens	de la pizza, des pâtes et du café		les arts plastiques	

Activités

1. Jouez les scènes.   ペアで会話を練習しましょう。
2. Rejouez les scènes en remplaçant les mots soulignés par ceux du tableau ci-dessus.
   下線部の語を表から選んだ語にかえて、もう一度練習しましょう。

⇄ **Échanges**

Posez la question suivante à votre voisin(e).   ペアの人に次の質問をしましょう。

– Qu'est-ce que vous consommez le plus, le riz ou le pain ?
   Modèle : Moi ce que je consomme le plus, c'est le riz et vous ?

Compréhension orale

写真：AFP＝時事

2-15
Dialogue 🔴2-15

Un jeune couple parle du Salon des Mangas en France.
フランスのサロン・ド・マンガについて話すカップル

Olivier	C'est bientôt le Salon Paris Manga* !
Coralie	Il n'y a pas ce genre de salon dans d'autres villes de France ?
Olivier	Tu as raison. Il faut voir d'autres salons. À part celui de Paris, il y a le salon des mangas de Toulouse qui s'appelle Toulouse Show. Il est aussi intéressant que celui de Paris.
Coralie	Moi, j'adore le thème de la science-fiction. Est-ce qu'il y a assez de science-fiction pour moi ?
Olivier	Justement dans celui de Toulouse, il y a plus de science-fiction que dans celui de Paris. Mais au salon de Paris, il y a toujours un concert de musique avec un chanteur japonais.
Coralie	J'aime bien la musique, mais je préfère la science-fiction.
Olivier	Alors, j'achète sur Internet nos billets pour le salon de Toulouse.

＊2006年からパリで開催されている日本などのポップカルチャーフェスティバル

👤 Questions de compréhension

1. **Écoutez et cochez ce que vous entendez !** 　音声を聞き、聞こえた文にチェックをつけましょう。

   1. C'est bientôt le Salon Paris Manga !　　　　　☐
   2. Il faut voir d'autres shows.　　　　　☐
   3. Le Toulouse Show est aussi varié.　　　　　☐
   4. Il y a plus de science-fiction que dans celui de Paris.　☐
   5. Avec un chanteur japonais　　　　　☐
   6. J'aime bien la musique mais je préfère le cosplay.　☐

2. **Lisez le dialogue puis répondez par vrai ou faux !**
   対話文を読んで、一致するなら V に、しなければ F にチェックをつけましょう。

   1. Coralie s'intéresse à d'autres salons que le Salon Paris Manga.　☐V　☐F
   2. Elle veut changer de salon.　　　　　☐V　☐F
   3. Elle adore la science-fiction.　　　　　☐V　☐F
   4. Au Salon Paris Manga, il y a toujours un concert avec une star américaine.　☐V　☐F
   5. Coralie va acheter les billets.　　　　　☐V　☐F

Apprenons par cœur !　暗記してみよう　　　🔴2-16

> **J'ai le désir d'ensoleiller cette langue de l'ombre qu'est l'arabe des femmes.**
>
> 私は、女性たちのアラビア語という日陰の言語に光を注ぎたい。
>
> アシア・ジェバール
> Assia Djebar（1936-2015・アルジェリア出身の女性作家）

Leçon 12

La francophonie

Phonétique　　**Les sons [f] et [v]**　[f] と [v] の発音

1.　**Lisez le tableau !**　表を見て、発音しましょう。　● 2-17

	[f]	[v]
prononciation 発音	上唇を下唇に近づけて、息をゆっくり吐きましょう。	上の歯を下唇にゆっくり乗せましょう。
graphie つづり	f, ph	v
exemples 例	fort, faible, film, pharmacie	vélo, vase, vie, voix

2.　**Écoutez et entourez le mot entendu !**　音声を聞いて、聞こえた単語に○をつけしましょう。

 2-18

	[f]	[v]
1.	foire	voir
2.	faute	vote
3.	fin	vin
4.	fil	ville
5.	photo	votre

Conversation

Modèle 1	Se renseigner sur la langue d'un pays
	ある国の言語についてたずねる

Écoutez et répétez !　音声を聞き、それに続けて発音しましょう。

1-A　🔘 2-19

– Parle-t-on l'espagnol au Canada ?
– Non, on ne le parle pas. On y parle l'anglais et le français.
– On parle l'anglais en Belgique ?
– Non, on ne le parle pas. On y parle le français et le néerlandais.

Vocabulaire : Des pays et des langues

Pays francophones フランス語話者の国		Pays anglophones 英語話者の国		Pays hispanophones スペイン語話者の国	
la Suisse le français +l'allemand + l'italien		l'Angleterre l'anglais		le Mexique l'espagnol	
la Belgique le français + le néerlandais		les États-Unis d'Amérique l'anglais + l'espagnol		l'Equateur l'espagnol	
le Canada l'anglais + le français		l'Australie l'anglais + les langues aborigènes		Cuba l'espagnol	
l'Algérie le français + l'arabe		l'Afrique du Sud l'anglais + le zoulou		le Pérou l'espagnol	

👫 Activités

1. Jouez les scènes ci-dessus.
    ペアで上の会話を練習しましょう。

2. Rejouez les scènes en remplaçant les mots soulignés par ceux du tableau ci-dessus.
    下線部の語を右の表から選んだ語にかえて、もう一度練習しましょう。

⇄ **Échanges**

Posez-vous les questions suivantes.　ペアの人に次の質問をしましょう。

1. Parle-t-on l'anglais en Afrique du Sud ?
2. Et vous, vous parlez couramment* l'anglais ?

*すらすらと

Modèle 2 — Demander à quelqu'un sa langue de communication
コミュニケーションの言語についてたずねる。

Écoutez et répétez !　音声を聞き、それに続けて発音しましょう。

2-A　● 2-20

– Dans quelle langue est-ce que vous <u>téléphonez</u> <u>à des amis francophones</u> ?
– Je leur téléphone <u>en français</u>.
– Dans quelle langue est-ce que tu <u>écris des mails</u> <u>à des amis japonais</u> ?
– Je leur écris <u>en japonais</u>.

Vocabulaire : Des nationalités et des langues

téléphoner

écrire des mails　+

parler

à des amis
anglophones

à des amis
sinophones

en anglais

en chinois

à des amis
hispanophones

à des amis
arabophones

en espagnol

en arabe

 Activités

1. Jouez les scènes ci-dessus.　ペアで上の会話を練習しましょう。

2. Rejouez les scènes en remplaçant les mots soulignés par ceux du tableau ci-dessus.
下線部の語を上の表から選んだ語にかえて、もう一度練習しましょう。

⇄ **Échanges**

Posez-vous les deux questions suivantes.　ペアの人に次の質問をしましょう。

– Est-ce que vous parlez français avec le professeur de français ?
– Est-ce que vous parlez en anglais avec le professeur d'anglais ?

Compréhension orale

Dialogue ●2-21

Ne rate pas l'occasion ! チャンスを逃がすな！

Akio ne connaît pas le festival des Francofolies. Il se renseigne auprès de Corentin.

Akio	Dis-moi Corentin, est-ce que tu connais le festival des Francofolies ?
Corentin	Oui, il a lieu*1 tous les ans.
Akio	Dans quelle ville et quand ?
Corentin	À La Rochelle au mois de juillet.
Akio	Et c'est intéressant ?
Corentin	Oui, très intéressant. Surtout si tu aimes la musique, tu peux danser et parler avec des francophones.
Akio	En fait, Morgane, ma petite amie, vient de me demander si ça m'intéresse d'y aller.
Corentin	Il faut y aller avec elle.
Akio	C'est cher ?
Corentin	Un moment !

Il cherche un petit moment sur le site des Francofolies.

Corentin	Tiens, écoute ! Place assise*2 40 euros et place debout*3 30 euros.
Akio	Comme *4Morgane aime danser, on va réserver deux places debout !
Corentin	Pas deux places, trois places. Je viens avec vous !

*1 行う

*2 椅子席
*3 立見席

*4 だから

👤 Questions de compréhension

1. Écoutez et cochez ce que vous avez entendu !

音声を聞き、聞こえた文にチェックをつけましょう。

1. Oui, il a lieu tous les ans. ☐
2. Est-ce que ça t'intéresse ? ☐
3. Il faut y aller à deux. ☐
4. Place assise 40 euros et place debout 30 euros. ☐
5. On va réserver vite ! ☐
6. Je viens avec vous ! ☐

2. Lisez le dialogue puis répondez par vrai ou faux !

対話文を読んで、一致するなら V に、しなければ F にチェックをつけましょう。

1. Le festival des Francofolies a lieu tous les ans en juillet. ☐V ☐F
2. Les Francofolies, c'est gratuit. ☐V ☐F
3. Les places assises sont moins chères que les places debout. ☐V ☐F
4. Morgane n'aime pas danser. ☐V ☐F
5. Ils vont réserver deux places debout. ☐V ☐F
6. Corentin ne va pas au festival avec eux. ☐V ☐F

Apprenons par cœur ! 暗記してみよう ●2-22

> **La francophonie est une maison pas comme les autres, il y a plus de locataires que de propriétaires.**
>
> フランコフォニーとはありふれた家ではない。所有者よりも多くの借家人がいる。
>
> ターハル・ベン・ジェルーン
> Tahar Ben Jelloun（1944-・モロッコ出身の作家）

Leçon 13

Parler du passé

| **Phonétique** | **Les sons [r] et [l]** [r] と [l] の発音 |

1. **Lisez le tableau !**　表を見て、発音しましょう。　　　　　　　　　　　 2-23

	[r]	[l]
prononciation 発音	舌を止めて、 顎につける	舌先を丸めて、 上の歯の裏につける
graphie つづり	r	l
exemples 例	rendez-vous, reine, Roland	lire, lecture, la

2. **Écoutez et entourez le mot entendu !**　音声を聞き、聞こえた単語を○で囲みましょう。

	[r]	[l]
		2-24
1.	roi	loi
2.	reine	laine
3.	rime	lime
4.	rend	lent

65

Conversation

| Modèle 1 | Demander à quelqu'un s'il a déjà utilisé la monnaie d'un pays étranger　誰かに外国の通貨の使用をたずねる |

Écoutez et répétez !　音声を聞き、それに続けて発音しましょう。

```
( 1-A )　2-25
```
– Est-ce que vous avez déjà utilisé l'euro ?
– Oui, quand je suis allé(e) en France. /
– Non, pas encore.
– Est-ce que tu as déjà utilisé la livre sterling ?
– Oui, quand je suis allé(e) en Angleterre.

Vocabulaire : Pays et monnaie

Le pays	Sa monnaie
en Italie	l'euro
en Belgique	l'euro
en Allemagne	l'euro
en Russie	le rouble
en Chine	le yuang
aux USA	le dollar

Activités

1. Jouez les scènes ci-dessus.　ペアで上の会話を練習しましょう。

2. Rejouez en remplaçant les mots soulignés par ceux du tableau ci-dessus.
下線部の語を上の表から選んだ語にかえて、もう一度練習しましょう。

⇄ Échanges

Posez-vous les questions suivantes.　ペアの人に次の質問をしましょう。

– Est-ce que vous avez déjà utilisé l'euro / le yuang / le dollar ? Et quand ?

Développez votre écoute　発展リスニング　2-26

Écoutez et notez ce qu'ils ont fait hier.　音声を聞いて、彼らが昨日行ったことにチェックをつけましょう。

Ils répondent à la question : « Qu'est-ce que vous avez fait ce week-end ? »

	Aller au cinéma	Faire du shopping	Faire des exercices de musculation 筋力トレーニングをする	Acheter un livre et lire dans le train 本を買い、電車で読む
1. Christelle				
2. Franck				
3. Nicolas				
4. Nancy				

Modèle 2	Demander à quelqu'un ce qu'il a appris pendant les vacances 　ヴァカンスの間に学んだことをたずねる

Écoutez et répétez ! 　音声を聞き、それに続けて発音しましょう。

2-A 🔘2-27
– Qu'est-ce que vous avez appris
　pendant les vacances ?
– J'ai appris à <u>conduire</u>, et vous ?
– Je n'ai rien appris de spécial.

2-B 🔘2-28
– Qu'est-ce que tu as appris
　pendant les vacances ?
– J'ai appris à <u>parler anglais</u>, et toi ?
– Je n'ai rien appris de spécial.

Vocabulaire : Des activités

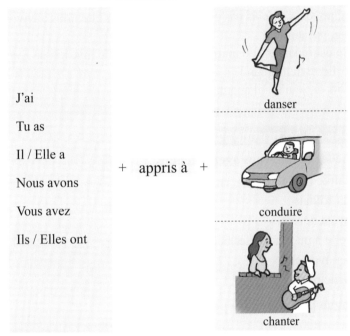

J'ai

Tu as

Il / Elle a

Nous avons

Vous avez

Ils / Elles ont

+ appris à +

danser

conduire

chanter

👤👧 **Activités**

1. Jouez les scènes.
　ペアで会話を練習しましょう。

2. Rejouez les scènes en remplaçant les mots soulignés par ceux du tableau ci-dessus.
　下線部の語を上の表から選んだ語にかえて、もう一度練習しましょう。

⇄ **Échanges**

Posez-vous la question suivante. 　ペアの人に次の質問をしましょう。

– Qu'est-ce que vous avez appris pendant les vacances de printemps ?

Compréhension orale

Dialogue ● 2-29

Elle est repartie ! 彼女は再び出発していきました。

Christian et Cora parlent de leur amie Aude qui vient de rentrer de voyage.

Cora	En fait, elle vient de rentrer d'une mission*1 en Syrie.
	Elle a fait un reportage pour son journal sur les enfants qui ont perdu leurs
	parents dans la guerre.
Christian	Mais c'est très dangereux !
Cora	Elle n'a pas le choix. C'est son patron qui lui a demandé d'y aller.
Christian	Est-ce qu'elle a pu rencontrer beaucoup d'enfants ?
Cora	Oui. Elle a pris beaucoup de photos. Cette tristesse sur le visage des enfants !
Christian	De toute façon*2 on va dîner avec elle samedi.
Cora	Ah, je vois ! tu n'as pas encore lu le mail qu'elle nous a envoyé.
Christian	Non, pas encore.
Cora	Elle est repartie*3 ce matin pour une nouvelle mission en Syrie.
Christian	Et elle revient quand ?
Cora	Alors là, je n'en ai aucune idée.

*1 ミッション
　（遠隔地へ行き果たすべき業務）

*2 いずれにせよ

*3 再び出発する

👤 Questions de compréhension

1. Écoutez et cochez ce que vous avez entendu ! 音声を聞き、聞こえた文にチェックをつけましょう。

1. Elle est rentrée d'une mission en Syrie. ☐
2. Les enfants soldats ☐
3. Son patron est sévère. ☐
4. Est-ce qu'elle a pu rencontrer beaucoup d'enfants ? ☐
5. On va dîner avec elle. ☐
6. Elle est partie quand ? ☐

2. Lisez le dialogue puis répondez par vrai ou faux !

対話文を読んで、一致するなら V に、しなければ F にチェックをつけましょう。

1. Aude est actrice. ☐V ☐F
2. Elle est allée en Syrie. ☐V ☐F
3. Elle a fait un reportage sur les enfants blessés. ☐V ☐F
4. Elle a pu rencontrer beaucoup d'enfants. ☐V ☐F
5. Elle n'a pas pris beaucoup de photos. ☐V ☐F
6. Elle est encore repartie en Syrie. ☐V ☐F

Apprenons par cœur ! 暗記してみよう ● 2-30

Aujourd'hui, maman est morte. Ou peut-être hier, je ne sais pas. J'ai reçu un télégramme de l'asile : Mère décédée. Enterrement demain. Sentiments distingués. Cela ne veut rien dire.

きょう、ママンが死んだ。もしかすると、昨日かもしれないが、私にはわからない。養老院から電報をもらった。「ハハウエノシヲイタム、マイソウアス」これでは何もわからない。

アルベール・カミュ
Albert Camus（1913-1960・フランスの作家）, *L'Étranger*（『異邦人』）

Leçon 14

À cette époque-là !

Phonétique　**Les sons [s] et [ʃ]**　[s] と [ʃ] の発音

1. **Lisez le tableau !**　表を見て、発音しましょう。　2-31

	[s]	[ʃ]
prononciation 発音	歯を緊張させて 蛇の音を出してみましょう	唇を近づけて、 息を吹きましょう
graphie つづり	s, c	ch, sh
exemples 例	sans, soir, ciel	cheval, chat, show

2. **Écoutez et entourez le mot entendu !**　音声を聞き、聞こえた単語を○で囲みましょう。

2-32

	[s]	[ʃ]
1.	sot	chaud
2.	sien	chien
3.	sa	chat
4.	sauve	chauve
5.	cela	chemin

Conversation

Modèle 1	**Se renseigner sur le statut d'une langue**
	言語の地位をたずねる

Écoutez et répétez !　音声を聞き、それに続けて発音しましょう。

> 1-A 　2-33
>
> – Est-ce que vous saviez qu'<u>au XVIIIème siècle, le français était la langue de la diplomatie</u> ?
> – Oui, je le savais. / – Non, je ne le savais pas.
> – Est-ce que tu savais que <u>le français est parlé par environ 276 millions de</u> personnes dans le monde ?
> – Oui, je le savais. / – Non, je ne le savais pas.

Vocabulaire : Les langues et le nombre de locuteurs

La langue	Statut
l'anglais	a obtenu le statut de première langue internationale dans les années 1950.
l'espagnol	est parlé dans presque tous les pays d'Amérique latine.

La langue	Nombre approximatif de personnes qui la parlent
le mandarin	1 milliard 120 millions (un milliard cent vingt millions)
l'espagnol	537 millions (cinq cent trente-sept millions)
l'anglais	1 milliard 268 millions (un milliard deux cent soixante-huit millions)
l'arabe	274 millions (deux cent soixante-quatorze millions)
le japonais	126 millions (cent vingt-six millions)

Sources : Ethnologue (23ᵉ édition, 2020)

Activités

1. Jouez les scènes ci-dessus.　ペアで上の会話を練習しましょう。

2. Rejouez les scènes en remplaçant les mots soulignés par les éléments du tableau.
   下線部の語を表から選んだ語にかえて、もう一度練習しましょう。

Développez votre écoute　発展リスニング　2-34

Ils parlent de leurs souvenirs d'enfance. Écoutez et notez ce qu'ils faisaient ou ne faisaient pas.
彼らは幼年時代の思い出を語っています。彼らが何をやっていたか、または何をやらなかったかを書きましょう。

	Ce qu'il / elle faisait	Ce qu'il / elle ne faisait pas
1. Patrice		
2. Anaïs		
3. Rachida		
4. Marion		

Modèle 2 | **Demander à quelqu'un quels étaient ses goûts quand il était collégien et lycéen** 中学生や高校生の頃の好みをたずねる

Écoutez et répétez ! 音声を聞き、それに続けて発音しましょう。

2-A 🔊 2-35
– Qu'est-ce que vous aimiez faire quand vous étiez collégien(ne) ?
– J'aimais lire des BD.

2-B 🔊 2-36
– Qu'est-ce que tu n'aimais pas faire quand tu étais lycéen(ne) ?
– Je n'aimais pas faire du sport.

Vocabulaire : Des activités et des goûts

Quand j'étais collégien(ne) ou lycéen(ne)	J'aimais	bavarder avec des copains (copines)
		faire du sport
		lire des mangas, des romans
		jouer à des jeux vidéo
	Je n'aimais pas	parler devant la classe
		le cours de maths
		les examens
		me lever tôt le matin
		prendre le train

Activités

1. Jouez les scènes ci-dessus.
   ペアで上の会話を練習してみましょう。

2. Rejouez les scènes en remplaçant les mots soulignés par ceux du tableau.
   下線部の語を表から選んだ語にかえて、もう一度練習しましょう。

⇄ **Échanges**

Posez-vous la question suivante. ペアの人に次の質問をしましょう。

Qu'est-ce que tu aimais faire / Qu'est-ce que n'aimais pas faire quand tu étais lycéen(ne) ?

Compréhension orale

Dialogue 🔘 2-37

Mes parents n'étaient vraiment pas contents !
両親はまったく満足していません。

Ils évoquent leurs souvenirs d'enfance.

Samuel Tu te souviens quand tu venais chez moi et qu'on jouait à des jeux vidéo jusqu'au matin ?

 *1 うるさくする

Romain Oh, oui ! Et ton père n'était pas content parce qu'on faisait du bruit.*1

Samuel Par contre, il aimait bien nous voir faire nos devoirs ensemble dans ma chambre.

Romain J'étais nul*2 en anglais mais un jour, j'ai eu une excellente note. Et toi qui étais toujours bon en anglais, tu as eu une note catastrophique*3 !

Samuel Mes parents n'étaient vraiment pas contents !

Romain Et tu te rappelles l'époque où on était tous les deux amoureux de*4 Céline ?

Samuel Oui, mais en fait, c'est toi qu'elle préférait !

 *2 からっきしだめ
 *3 最悪の
 *4 ～が大好きな

🧑 Questions de compréhension

1. **Écoutez et cochez ce que vous avez entendu !**

   音声を聞き、聞こえた文にチェックをつけましょう。

   1. Quand tu venais chez moi. ☐
   2. On adorait les jeux vidéo. ☐
   3. Il aimait bien nous voir faire nos devoirs ensemble. ☐
   4. Je me souviens bien. ☐
   5. Mes parents étaient mécontents. ☐
   6. C'est toi qu'elle préférait ! ☐

2. **Lisez le dialogue puis répondez par vrai ou faux !**

   対話文を読んで、一致するなら V に、しなければ F にチェックをつけましょう。

   1. Samuel allait chez Romain. ☐V ☐F
   2. Ils aimaient beaucoup jouer aux jeux vidéo. ☐V ☐F
   3. Ils étaient tous les deux amoureux de Céline. ☐V ☐F

Apprenons par cœur ! 暗記してみよう 🔘 2-38

Ce qui n'est pas clair n'est pas français. 明晰にあらざるものはフランス語にあらず。

アントワーヌ・ド・リヴァロール
Antoine de Rivarol（1753-1801・フランスの文人），
Discours sur l'universalité de la langue française（「フランス語の普遍性に関する論説」）

Leçon 18

Être pour ou contre une loi
La parité

Phonétique **Les sons [k] et [g]** [k] と [g] の発音

1. **Lisez le tableau !** 表を見て、発音しましょう。 ●2-65

	[k]	[g]
prononciation 発音	舌先を下の前歯の裏に付けて 声帯が振動しません。	舌先を下の前歯の裏に付けて 声帯が振動します。
graphie つづり	c, k, qu, ch	g, gu, x, c
exemples 例	écrire, kilo, quoi, technique	regarde, dialogue, exercice, second

2. **Écoutez et entourez le mot entendu !** 音声を聞き、聞こえた単語に○を付けましょう。

	[k]	[g]
		●2-66
1.	car	gare
2.	kimono	guimauve
3.	qui	gui
4.	chorale	gondole

Conversation

Écoutez et répétez !　音声を聞き、それに続けて発音しましょう。

(1-A) 🔘 2-67

– Êtes-vous pour ou contre <u>la parité homme-femme</u>* ?
– Personnellement, je suis pour.
(pour　賛成の)

＊男女同数制

(1-B) 🔘 2-68

– Es-tu pour ou contre <u>les caméras de surveillance</u> ?
– Personnellement, je suis contre.
(contre　反対の)

Vocabulaire :
Être pour / contre　賛成 / 反対である

La double nationalité

Le travail de nuit des femmes

Le commerce du droit de polluer

 Activités

1. Jouez les scènes ci-dessus.
   ペアで上の会話を練習しましょう。

2. Rejouez les scènes en remplaçant les mots soulignés par ceux du tableau ci-dessus.
   下線部の語を表から選んだ語にかえて、もう一度練習しましょう。

⇄ **Échanges**

Posez les questions suivantes à votre voisin(e).　ペアの人に、次の質問をしましょう。

– Est-ce que vous êtes pour ou contre la parité homme-femme en politique ?
– Est-ce que vous êtes pour ou contre la double nationalité ?
– Est-ce que vous êtes pour ou contre le travail de nuit des femmes ?
– Est-ce que vous êtes pour ou contre le commerce du droit de polluer ?

🎧 **Développez votre écoute** 発展リスニング 🔵 **2-69**

Elle regarde trop son téléphone portable. Ses amis lui donnent quelques conseils. Écoutez et complétez le tableau.

彼女は携帯電話を見過ぎています。友達の立場からの助言を聞き、文章を完成しましょう。

Les personnes	Conseils
1. Anne	Ce serait bien que tu ...
2. Zinedine	Il faudrait que vous ...
3. Laure	Il vaut mieux que tu ...
4. Yukio	Il est important que vous ...
5. Catherine	Il serait préférable que tu ...
6. Hugo	Vous devriez ...
7. Isabelle	Tu ferais mieux de ...

Compréhension orale

Je suis d'accord avec vous.
Elle est contre la parité. Il est pour.

あなたと同じ意見です。彼女は男女同数制に反対です。彼は賛成です。

Ludovic	Roxane, vous êtes vraiment contre la parité homme-femme ?
Roxane	Ben... oui, et vous ?
Ludovic	Moi, je suis pour la parité homme-femme en politique. Parce que si on ne fait pas de loi sur la parité, les femmes seront toujours défavorisées.[1]
Roxane	Moi, je suis contre parce qu'il ne faut pas qu'elle soit imposée.[2] Il faut que les femmes occupent des postes à responsabilité seulement en fonction de[3] leurs compétences.[4]
Ludovic	Je suis d'accord avec vous, mais il est nécessaire qu'elles soient aidées par une loi.

*1 不利な立場にある
*2 おしつけられた
*3 〜に応じて
*4 能力

 Questions de compréhension

1. Écoutez et cochez ce que vous avez entendu !

音声を聞き、聞こえた文にチェックをつけましょう。

1. Vous êtes vraiment contre la parité homme-femme ? ☐
2. Les femmes seront toujours défavorisées. ☐
3. Il faut imposer la parité. ☐
4. Il faut que les femme occupent des postes à responsabilité seulement en fonction de leurs compétences. ☐
5. Il faut aider les femmes. ☐

2. Lisez le dialogue puis répondez aux questions ! 対話文を読み、次の質問に答えましょう。

1. Pourquoi Ludovic est-il pour la loi sur la parité homme-femme en politique ?
2. Pourquoi Roxane est-elle contre cette loi ?

Apprenons par cœur ! 暗記してみよう 🔊 2-71

Bien placés bien choisis	上手に選んで並べれば
quelques mots font une poésie	わずかな言葉で詩ができる
les mots il suffit qu'on les aime	言葉を愛してやるだけで
Pour écrire un poème	詩は書けるんだ

レーモン・クノー
Raymond Queneau (1903-1976・フランスの詩人), *Un Poème* (「詩法のために」)

Parlons vin !

| Phonétique | **Les sons [i], [y] et [u]** [i] と [y]、[u] の発音 |

1. Écoutez et encerclez le mot entendu ! 音声を聞き、聞こえた単語に○をつけましょう。

	[i]	[y]	[u]	● 2-72
1.	lime	lune	lourd	
2.	fil	fugue	fougue	
3.	kir	cure	cours	
4.	sire	sur	sourd	

2. Écoutez et entourez le mot entendu ! 音声を聞き、聞こえた単語に○をつけましょう。

	[i]	[y]	[u]	● 2-73
1.	livre	lutte	loup	
2.	mire	mur	mou	
3.	pire	pur	pour	

3. Refaites l'exercice 2 avec votre voisin(e). Vous prononcez un mot, il coche ce mot puis vous changez de rôle. ペアの人とexercice 2 を練習しましょう。役をかえてもう一度行いましょう。

Conversation

| Modèle 1 | **Demander à quelqu'un s'il accepte de payer plus cher un produit de meilleure qualité**
品質がより良い食品を少し高い値段で買うことに合意するかをたずねる |

Écoutez et répétez !　音声を聞き、それに続けて発音しましょう。

┌─ 1-A ── 2-74 ──────────────────────────────────┐

– Accepteriez-vous de payer plus cher <u>un très bon vin</u> ?

– Oui, j'accepte.

– Serais-tu d'accord pour payer plus cher * <u>un vin de très bonne qualité</u> ?

– Non, on peut toujours trouver <u>des vins</u> de très bonne qualité et pas chers. ＊より高く買う

└──┘

Vocabulaire : Des produits de qualité

– un savon écologique

– une bonne eau minérale

  (riche en magnésium et calcium)

– des pâtisseries peu caloriques

– des produits bio

 Activités

1. Jouez les scènes.

   ペアで会話を練習しましょう。

2. Rejouez les scènes en remplaçant les mots soulignés par ceux du tableau ci-dessus.

   下線部の語を表から選んだ語にかえて、もう一度練習しましょう。

⇄ **Échanges**

Posez les questions suivantes à votre voisin(e).　ペアの人に、次の質問をしましょう。

1. Serais-tu d'accord pour payer plus cher des produits bio / des vins de bonne qualité / une eau minérale riche en minéraux, etc ... ?

2. Qu'est-ce que vous feriez si vous aviez plus de temps / plus d'argent ?

Écoutez et notez ce qu'ils feraient s'ils avaient le temps.

音声を聞き、時間があったら、彼らは何をするか書いてみましょう。

1. Elle _____

2. Il _____

3. Elle _____

4. Il _____

Modèle 2	**Parler de la qualité d'un produit** 食品の品質について語る

Écoutez et répétez ! 音声を聞き、それに続けて発音しましょう。

> (**2-A**) 🔘 **2-76**
>
> – Je trouve que votre pays a <u>de bons vins</u>.
> – Moi, je pense que le vôtre en a de meilleurs.

Vocabulaire : Caractériser un aliment ou une boisson

– de bonnes eaux minérales (riche en calcium et magnésium)

– des pâtisseries peu caloriques

– une grande variété de fruits et légumes

– des sirops de très bonne qualité

🙌 **Activités**

1. Jouez les scènes. ペアで会話を練習しましょう。

2. Rejouez les scènes en remplaçant les mots soulignés par ceux du tableau ci-dessus.
    下線部の語を上の表から選んだ語にかえて、もう一度練習しましょう。

Compréhension orale

Dialogue 2-77

Moins cher et à qualité égale, le client n'hésiterait pas !
同じ値段なら顧客はためらわないでしょう。

Thomas	Je trouve ce vin excellent !
Sylvaine	Moi, j'aime bien sa couleur. Elle est très jolie.
Pierre	Son parfum[*1] est magnifique.
Paul	Oui, en effet, je l'ai choisi pour toutes les qualités que vous avez citées-là. Mais vous avez pensé probablement à un Bordeaux ou à un Bourgogne, n'est-ce pas ?
Pierre	En tout cas, c'est un vin français, n'est-ce pas ?
Paul	Et bien, non, c'est un vin chilien. Ça s'appelle le Château Los Boldos.
Julien	Ce vin n'a rien à envier[*2] au Bordeaux, je pense.
Sylvaine	Moins cher et d'aussi bonne qualité, le client n'hésiterait pas.
Paul	C'est clair !
Pierre	Tu n'aurais pas d'autres choses aussi délicieuses pour nous ?
Paul	Bien sûr que si.
Sylvaine	Dis-nous vite !
Paul	Eh bien, le gâteau d'anniversaire que vous allez manger, c'est moi qui l'ai fait.

*1 芳香

*2 羨む

👤 Questions de compréhension

1. Écoutez et cochez ce que vous entendez ! 音声を聞き、聞こえた文にチェックをつけましょう。

1. Je trouve ce vin excellent ! ☐
2. Son parfum est puissant. ☐
3. C'est un vin français, n'est-ce pas ? ☐
4. Oui, en effet. ☐
5. C'est un vin classique. ☐
6. Le client ne risque rien. ☐
7. Dis-nous vite ! ☐
8. C'est moi qui l'ai fait. ☐

2. Répondez aux questions suivantes ! 次の質問に答えましょう。

1. Quelles sont les qualités de ce vin chilien ?
2. Pourquoi Paul l'a-t-il choisi ?
3. Qui a fait le gâteau d'anniversaire ?

Apprenons par cœur ! 暗記してみよう 2-78

L'amour, c'est l'espace et le temps rendus sensibles au cœur.
恋愛とは心に感じうるものとなった空間と時間である。

マルセル・プルースト
Marcel Proust (1871-1922・フランスの作家), *À la recherche du temps perdu* (『失われた時を求めて』)

Un souhait pour l'Europe

| **Phonétique** | **Les voyelles nasales et les consonnes** 鼻母音と子音 |

Les voyelles nasales 鼻母音

2-79

1. Écoutez et notez l'ordre dans lequel vous avez entendu les trois mots !

どの順番で単語が聞こえたか順番をつけましょう。

	[ã]	[ɔ̃]	[ɛ̃]
例	rang 1	rond 3	rein 2
1.	tant	ton	teint
2.	fend	font	feint
3.	lent	long	lin
4.	sans	son	sain

Les consonnes 子音

2-80

2. Écoutez et notez l'ordre selon lequel vous avez entendu la suite des quatre mots !

どの順番で単語が聞こえたか順番をつけましょう。

	[b]	[p]	[f]	[v]
1.	bois	pois	foie	voie
2.	bu	pu	fut	vu
3.	bas	pas	fard	va
4.	bile	pile	fil	ville

Conversation

| Modèle 1 | Solliciter un avis | 意見をたずねる |

Écoutez et répétez ! 音声を聞き、それに続けて発音しましょう。

1-A 🔊 2-81
– Pensez-vous que les pays européens auront trouvé une solution à leur problème de chômage d'ici 5 ans ?
– Oui, je le pense.
– Moi, ça m'étonnerait.

1-B 🔊 2-82
– D'après toi, le Japon aura trouvé une solution à son problème d'énergie d'ici 10 ans ?
– Non. Je ne le pense pas.
– C'est possible.

1-C 🔊 2-83
– Croyez-vous que l'Europe va sortir de la crise sanitaire actuelle ?
– Oui, à condition que toute la population soit vaccinée.
– Moi, je n'y crois pas.

1-D 🔊 2-84
– Crois-tu que tous les pays vont s'accorder sur la paix mondiale ?
– Oui, si tous les gouvernements pouvaient s'entendre.
– Moi, je crois que c'est pure utopie.

Vocabulaire :
Des pays et des problèmes

Les pays	Leurs problèmes...	
Les États-Unis	– de chômage	失業
	– d'immigration	移民
Le Japon	– économiques	経済
	– de vieillissement de la population	人口の高齢化
	– de limites territoriales	限られた国土
La Chine	– de territoires avec leurs voisins	隣国との領土問題
Les pays arabes	– de territoires avec Israël	イスラエルとの領土問題

👫 Activités

1. Jouez les scènes ci-dessus. ペアで上の会話を練習しましょう。
2. Rejouez les scènes en remplaçant les mots soulignés par ceux du tableau ci-contre.
   下線部の語を表から選んだ語にかえて、もう一度練習をしましょう。

Modèle 2 | **Suppositions** 推測を表す

Écoutez et répétez ! 音声を聞き、それに続けて発音しましょう。

2-A 2-85

– Et si chaque pays d'Europe avait <u>accepté plus d'immigrés</u> ?
– À mon avis, <u>il y aurait eu moins de problèmes</u> de main-d'œuvre.
– Je pense qu'<u>il y aurait eu encore plus de chômage</u>.

Vocabulaire : Et si...

– Développer plus l'informatique
 → (On) pouvoir créer plus d'emplois.

– Valoriser le Bac technologique
 → (On) réduire le chômage des jeunes.

– Aider efficacement les Africains sur place
 → (Ils) ne pas penser à immigrer en Europe.

hikrcn / Shutterstock.com

Activités

1. Jouez les scènes. ペアで会話を練習しましょう。
2. Rejouez les scènes en remplaçant les mots soulignés par ceux du tableau ci-dessus.
 下線部の語を上の表から選んだ語にかえて、もう一度練習してみましょう。

⇄ **Échanges**

Posez la question suivante à votre voisin(e) qui doit argumenter sa réponse.

ペアの人に、次の質問をしましょう。筋道をたてて答えて下さい。

– Est-ce que vous pensez / tu penses que le Japon aura trouvé une solution définitive à son problème d'énergie d'ici 20 ans ?

Compréhension orale

Dialogue 2-86

Allons ! un peu d'optimisme !
さあ、もう少し楽天的になりましょう。

Ils parlent de l'Europe. Écoutez !

Elsa   Est-ce que l'Europe a un avenir ?

Luc   Oui, bien sûr, si tous les pays européens avaient les mêmes[*1] politiques

économiques, financières, migratoires, ça pourrait bien marcher.   ＊1 同じ

Elsa   Ce serait difficile d'avoir la même politique en raison de la situation

géographique et historique.

Luc   On peut construire[*2] une Europe solide[*3] grâce au[*4] parlement européen.

Elsa   Moi, je n'y crois pas. Il y a trop d'écart[*5] entre les pays du nord de l'Europe

et ceux du sud.   ＊2 構築する   ＊3 丈夫な   ＊4 ～のお陰で   ＊5 格差

Luc   Allons ! Un peu d'optimisme ! Les pays européens doivent s'entraider[*6] !

Tiens, puisqu'on[*7] parle d'Europe, c'est bientôt les JEP. Ça te dirait de m'y

accompagner[*8] ?   ＊6 助け合う   ＊7 なので   ＊8 一緒に行く

Elsa   Ça signifie quoi les JEP ?

Luc   Ça signifie les journées européennes du patrimoine.[*9]

Elsa   Alors, si c'est le week-end, ce sera avec plaisir.   ＊9 ヨーロッパ文化遺産の日

Questions de compréhension

1. **Écoutez et cochez ce que vous avez entendu !** 音声を聞き、聞こえた文にチェックをつけましょう。

   1. Est-ce que l'Europe a un avenir ? ☐   5. Moi, je n'y crois pas. ☐
   2. Je comprends. ☐   6. Un peu d'optimisme ! ☐
   3. Ça pourrait bien marcher. ☐
   4. Ce serait difficile d'avoir les mêmes projets. ☐

2. **D'après vous, est-ce que l'Europe a un avenir ? Argumentez votre réponse.**

   あなたの考えでは、ヨーロッパは将来どのようになると思いますか？ 筋道をたてて答えましょう。

Apprenons par cœur !   暗記してみよう   2-87

> **La langue française me colonise et je la colonise à mon tour, ce qui, finalement, donne bien une autre langue.**
>
> フランス語が私を支配したので、次は私がフランス語を支配する。これで最後には別の言語ができあがる。
>
> チ カ ヤ・ウ・タム・シ
> Tchicaya U Tam' Si (1931-1988・コンゴ出身の作家・詩人)

Grammaire

単純未来

活用形：1）多くの動詞：不定詞の語尾を取って作ります。＊p.101 ～動詞活用表参照

finir→fini→je finirai, répondre→répond→je répondrai, devoir→ dev→je devrai

2）-er規則動詞：現在形のjeの活用形から作ります。

je danse→ je danserai, j'achète→j'achetetai

3）不規則なもの: aller→ j'irai, être→ je serai, avoir→ j'aurai, faire→ je ferai, venir→ je viendrai

用　法：1）未来のことをあらわします。Il **pleuvra** demain.

2）命令、依頼、誘いをあらわします。 Tu me **téléphoneras**！

ジェロンディフ

作り方：　en + 現在分詞（現在分詞の作り方：直接法現在nousの活用語尾onsをとり、antを付けます）

基本的用法：ジェロンディフは主動詞に副詞的にかかり、同時進行する行為「～しながら」をあらわします。

Il étudie **en écoutant la radio**.

直接話法と間接話法

1）　平常文　直接話法：Il m'a dit :《 Je t'aime. 》

間接話法：Il m'a dit qu'il m'aimait.

2）　疑問文　直接話法：Il m'a demandé :《 Est-ce que tu m'aimes ? 》

間接話法：Il m'a demandé si je l'aimais.

3）　命令文　直接話法：Il m'a dit :《 Écoute-moi bien. 》

間接話法：Il m'a dit de bien l'écouter.

条件法現在

活用形：単純未来形の語幹 + 半過去の活用語尾

用　法：1）現在・未来の事柄に関する断定を避け、語調を和らげます。＊p.101 ～動詞活用表参照

Je **voudrais** un bon vin.

2）現在・未来の事実に反する仮定の結果をあらわします。

Si + 直説法半過去, 条件法現在 ：Si j'étais plus beau, je **serais** plus heureux.

3）過去における未来（→時制の一致）

Elle m'a dit qu'elle **étudierait** en France.

条件法過去

活用形：avoir または être の条件法現在＋過去分詞

用　法：1）過去の事実に関する断定を避け、語調を和らげます。

Vous **auriez pu** me le dire plus tôt !

2）過去の事実に反する仮定の結果をあらわします。

Si + 直説法大過去, 条件法過去 ：

Si j'avais travaillé dur, j'**aurais réussi** et je serais satisfait.

3）過去における未来完了（→時制の一致）

Elle m'a dit qu'elle **aurait fini** ses études l'année suivante.

4. 異文化間能力を養成するために

　本書を利用してフランス語を学習している皆さんの中で、フランス語を実用目的や学術目的、職業目的で学習している人はごく少数でしょう。

　上記の目的が当てはまらないとすれば、現代の日本人はなぜフランス語を学ぶのでしょうか。単位を取得するためだけでしょうか。教育制度の要求に応えることも大切な役割です。また観光を目的としてフランス語を学ぶことをあげるかもしれませんが、これも一種の実用です。そこで、「異文化間能力」を育成するためのフランス語を学習を考えてみたいと思います。

　異文化間能力とはフランスやフランス語という「異文化」を理解する能力を指すことだけではありません。フランスやフランス語を日本や日本語、日本文化と比較し、フランス人がそれらをどのように見ているのか、また日本人がフランス語やフランスをどのように見ているのかを見つめ直し、複数の言語や文化の間を自由に往来し、自らの言語や文化を相対的にとらえ、自分の言語や文化だけが優れているとの視点、すなわち自文化・自民族中心主義（エスノセントリズム）を脱し、異なる言語や文化への寛容をはぐくむ能力です。

　では外国語学習を通じて自民族中心主義を克服することはどのようにしてできるのでしょうか。たとえば、姓名の表記や呼びかけ方も言語文化の多様性や相対性を示すものです。日本人はひとたび海外に出ると、すべて国外では名前＋姓の順序で呼ばれると想像し、またそのように自己紹介をする傾向にあります。しかしこのような順序に従うのは全世界の半数程度のようです。フランスでも公的文書は日本のように姓名の順番で表記されます。ヨーロッパではハンガリーが日本と同じ順番を実施していますし、またミャンマー（ビルマ）のようにそもそも姓の存在しない国もあります。

　氏名の文化を考えてみると、日本文化が世界では決して例外的ではないことに、また海外諸国がすべてアメリカのように名＋姓の順番ではなく、さらに何も敬称をつけることなく名前（ファーストネーム）で呼びかける文化でないこともわかります。

　フランス語であいさつをする時に、誰に対してどのように呼びかけるのか、またどのように呼びかけてもらいたいのかを考えてみると、あいさつですらそれほど単純なことではないとわかるでしょう。さまざまな文化に優劣をつけることなく、それらを比較し、その違いに対して寛容なこころで受けとめる。異文化間能力は寛容の育成にも関わるのです。

動詞変化表

不定形・分詞形	直　説　法		

I. aimer

aimant
aimé
ayant aimé
（助動詞　avoir）

	現　　　在	半　過　去	単　純　過　去
	j'　aime	j'　aimais	j'　aimai
	tu　aimes	tu　aimais	tu　aimas
	il　aime	il　aimait	il　aima
	nous　aimons	nous　aimions	nous　aimâmes
	vous　aimez	vous　aimiez	vous　aimâtes
	ils　aiment	ils　aimaient	ils　aimèrent

命　令　法	複　合　過　去	大　過　去	前　過　去
	j'　ai　aimé	j'　avais　aimé	j'　eus　aimé
aime	tu　as　aimé	tu　avais　aimé	tu　eus　aimé
	il　a　aimé	il　avait　aimé	il　eut　aimé
aimons	nous　avons　aimé	nous　avions　aimé	nous　eûmes　aimé
aimez	vous　avez　aimé	vous　aviez　aimé	vous　eûtes　aimé
	ils　ont　aimé	ils　avaient　aimé	ils　eurent　aimé

II. arriver

arrivant
arrivé
étant arrivé(e)(s)

（助動詞　être）

	複　合　過　去	大　過　去	前　過　去
	je　suis　arrivé(e)	j'　étais　arrivé(e)	je　fus　arrivé(e)
	tu　es　arrivé(e)	tu　étais　arrivé(e)	tu　fus　arrivé(e)
	il　est　arrivé	il　était　arrivé	il　fut　arrivé
	elle　est　arrivée	elle　était　arrivée	elle　fut　arrivée
	nous　sommes　arrivé(e)s	nous　étions　arrivé(e)s	nous　fûmes　arrivé(e)s
	vous　êtes　arrivé(e)(s)	vous　étiez　arrivé(e)(s)	vous　fûtes　arrivé(e)(s)
	ils　sont　arrivés	ils　étaient　arrivés	ils　furent　arrivés
	elles　sont　arrivées	elles　étaient　arrivées	elles　furent　arrivées

III. être aimé(e)(s)

受動態

étant aimé(e)(s)
ayant été aimé(e)(s)

	現　　　在	半　過　去	単　純　過　去
	je　suis　aimé(e)	j'　étais　aimé(e)	je　fus　aimé(e)
	tu　es　aimé(e)	tu　étais　aimé(e)	tu　fus　aimé(e)
	il　est　aimé	il　était　aimé	il　fut　aimé
	elle　est　aimée	elle　était　aimée	elle　fut　aimé e
	n.　sommes　aimé(e)s	n.　étions　aimé(e)s	n.　fûmes　aimé(e)s
	v.　êtes　aimé(e)(s)	v.　étiez　aimé(e)(s)	v.　fûtes　aimé(e)(s)
	ils　sont　aimés	ils　étaient　aimés	ils　furent　aimés
	elles　sont　aimées	elles　étaient　aimées	elles　furent　aimées

命　令　法	複　合　過　去	大　過　去	前　過　去
	j'　ai　été aimé(e)	j'　avais　été aimé(e)	j'　eus　été aimé(e)
sois aimé(e)	tu　as　été aimé(e)	tu　avais　été aimé(e)	tu　eus　été aimé(e)
	il　a　été aimé	il　avait　été aimé	il　eut　été aimé
soyons aimé(e)s	elle　a　été aimée	elle　avait　été aimée	elle　eut　été aimée
soyez aimé(e)(s)	n.　avons　été aimé(e)s	n.　avions　été aimé(e)s	n.　eûmes　été aimé(e)s
	v.　avez　été aimé(e)(s)	v.　aviez　été aimé(e)(s)	v.　eûtes　été aimé(e)(s)
	ils　ont　été aimés	ils　avaient　été aimés	ils　eurent　été aimés
	elles　ont　été aimées	elles　avaient　été aimées	elles　eurent　été aimées

IV. se lever

代名動詞

se levant
s'étant levé(e)(s)

	現　　　在	半　過　去	単　純　過　去
	je　me　lève	je　me　levais	je　me　levai
	tu　te　lèves	tu　te　levais	tu　te　levas
	il　se　lève	il　se　levait	il　se　leva
	n.　n.　levons	n.　n.　levions	n.　n.　levâmes
	v.　v.　levez	v.　v.　leviez	v.　v.　levâtes
	ils　se　lèvent	ils　se　levaient	ils　se　levèrent

命　令　法	複　合　過　去	大　過　去	前　過　去
	je　me　suis　levé(e)	j'　m'　étais　levé(e)	je　me　fus　levé(e)
lève-toi	tu　t'　es　levé(e)	tu　t'　étais　levé(e)	tu　te　fus　levé(e)
	il　s'　est　levé	il　s'　était　levé	il　se　fut　levé
levons-nous	elle　s'　est　levée	elle　s'　était　levée	elle　se　fut　levée
levez-vous	n.　n.　sommes　levé(e)s	n.　n.　étions　levé(e)s	n.　n.　fûmes　levé(e)s
	v.　v.　êtes　levé(e)(s)	v.　v.　étiez　levé(e)(s)	v.　v.　fûtes　levé(e)(s)
	ils　se　sont　levés	ils　s'　étaient　levés	ils　se　furent　levés
	elles　se　sont　levées	elles　s'　étaient　levées	elles　se　furent　levées

直　説　法	条　件　法	接　　続　　法	

単 純 未 来 / 現 在 / 現 在 / 半 過 去

単　純　未　来	現　　在	現　　在	半　過　去
j'　aimerai	j'　aimerais	j'　aime	j'　aimasse
tu　aimeras	tu　aimerais	tu　aimes	tu　aimasses
il　aimera	il　aimerait	il　aime	il　aimât
nous　aimerons	nous　aimerions	nous　aimions	nous　aimassions
vous　aimerez	vous　aimeriez	vous　aimiez	vous　aimassiez
ils　aimeront	ils　aimeraient	ils　aiment	ils　aimassent

前 未 来 / 過 去 / 過 去 / 大 過 去

前　未　来	過　　去	過　　去	大　過　去
j'　aurai aimé	j'　aurais aimé	j'　aie aimé	j'　eusse aimé
tu　auras aimé	tu　aurais aimé	tu　aies aimé	tu　eusses aimé
il　aura aimé	il　aurait aimé	il　ait aimé	il　eût aimé
nous　aurons aimé	nous　aurions aimé	nous　ayons aimé	nous　eussions aimé
vous　aurez aimé	vous　auriez aimé	vous　ayez aimé	vous　eussiez aimé
ils　auront aimé	ils　auraient aimé	ils　aient aimé	ils　eussent aimé

前 未 来 / 過 去 / 過 去 / 大 過 去

前　未　来	過　　去	過　　去	大　過　去
je　serai arrivé(e)	je　serais arrivé(e)	je　sois arrivé(e)	je　fusse arrivé(e)
tu　seras arrivé(e)	tu　serais arrivé(e)	tu　sois arrivé(e)	tu　fusses arrivé(e)
il　sera arrivé	il　serait arrivé	il　soit arrivé	il　fût arrivé
elle　sera arrivée	elle　serait arrivée	elle　soit arrivée	elle　fût arrivée
nous　serons arrivé(e)s	nous　serions arrivé(e)s	nous　soyons arrivé(e)s	nous　fussions arrivé(e)s
vous　serez arrivé(e)(s)	vous　seriez arrivé(e)(s)	vous　soyez arrivé(e)(s)	vous　fussiez arrivé(e)(s)
ils　seront arrivés	ils　seraient arrivés	ils　soient arrivés	ils　fussent arrivés
elles　seront arrivées	elles　seraient arrivées	elles　soient arrivées	elles　fussent arrivées

単 純 未 来 / 現 在 / 現 在 / 半 過 去

単　純　未　来	現　　在	現　　在	半　過　去
je　serai aimé(e)	je　serais aimé(e)	je　sois aimé(e)	je　fusse aimé(e)
tu　seras aimé(e)	tu　serais aimé(e)	tu　sois aimé(e)	tu　fusses aimé(e)
il　sera aimé	il　serait aimé	il　soit aimé	il　fût aimé
elle　sera aimée	elle　serait aimée	elle　soit aimée	elle　fût aimée
n.　serons aimé(e)s	n.　serions aimé(e)s	n.　soyons aimé(e)s	n.　fussions aimé(e)s
v.　serez aimé(e)(s)	v.　seriez aimé(e)(s)	v.　soyez aimé(e)(s)	v.　fussiez aimé(e)(s)
ils　seront aimés	ils　seraient aimés	ils　soient aimés	ils　fussent aimés
elles　seront aimées	elles　seraient aimées	elles　soient aimées	elles　fussent aimées

前 未 来 / 過 去 / 過 去 / 大 過 去

前　未　来	過　　去	過　　去	大　過　去
j'　aurai été aimé(e)	j'　aurais été aimé(e)	j'　aie été aimé(e)	j'　eusse été aimé(e)
tu　auras été aimé(e)	tu　aurais été aimé(e)	tu　aies été aimé(e)	tu　eusses été aimé(e)
il　aura été aimé	il　aurait été aimé	il　ait été aimé	il　eût été aimé
elle　aura été aimée	elle　aurait été aimée	elle　ait été aimée	elle　eût été aimée
n.　aurons été aimé(e)s	n.　aurions été aimé(e)s	n.　ayons été aimé(e)s	n.　eussions été aimé(e)s
v.　aurez été aimé(e)(s)	v.　auriez été aimé(e)(s)	v.　ayez été aimé(e)(s)	v.　eussiez été aimé(e)(s)
ils　auront été aimés	ils　auraient été aimés	ils　aient été aimés	ils　eussent été aimés
elles　auront été aimées	elles　auraient été aimées	elles　aient été aimées	elles　eussent été aimées

単 純 未 来 / 現 在 / 現 在 / 半 過 去

単　純　未　来	現　　在	現　　在	半　過　去
je　me lèverai	je　me lèverais	je　me lève	je　me levasse
tu　te lèveras	tu　te lèverais	tu　te lèves	tu　te levasses
il　se lèvera	il　se lèverait	il　se lève	il　se levât
n.　n. lèverons	n.　n. lèverions	n.　n. levions	n.　n. levassions
v.　v. lèverez	v.　v. lèveriez	v.　v. leviez	v.　v. levassiez
ils　se lèveront	ils　se lèveraient	ils　se lèvent	ils　se levassent

前 未 来 / 過 去 / 過 去 / 大 過 去

前　未　来	過　　去	過　　去	大　過　去
je　me serai levé(e)	je　me serais levé(e)	je　me sois levé(e)	je　me fusse levé(e)
tu　te seras levé(e)	tu　te serais levé(e)	tu　te sois levé(e)	tu　te fusses levé(e)
il　se sera levé	il　se serait levé	il　se soit levé	il　se fût levé
elle　se sera levée	elle　se serait levée	elle　se soit levée	elle　se fût levée
n.　n. serons levé(e)s	n.　n. serions levé(e)s	n.　n. soyons levé(e)s	n.　n. fussions levé(e)s
v.　v. serez levé(e)(s)	v.　v. seriez levé(e)(s)	v.　v. soyez levé(e)(s)	v.　v. fussiez levé(e)(s)
ils　se seront levés	ils　se seraient levés	ils　se soient levés	ils　se fussent levés
elles　se seront levées	elles　se seraient levées	elles　se soient levées	elles　se fussent levées

不 定 形 分 詞 形	直　　　説　　　法			
	現　　　在	半　過　去	単　純　過　去	単　純　未　来
1. avoir もつ ayant eu [y]	j' ai tu as il a n. avons v. avez ils ont	j' avais tu avais il avait n. avions v. aviez ils avaient	j' eus [y] tu eus il eut n. eûmes v. eûtes ils eurent	j' aurai tu auras il aura n. aurons v. aurez ils auront
2. être 在る étant été	je suis tu es il est n. sommes v. êtes ils sont	j' étais tu étais il était n. étions v. étiez ils étaient	je fus tu fus il fut n. fûmes v. fûtes ils furent	je serai tu seras il sera n. serons v. serez ils seront
3. parler 話す parlant parlé	je parle tu parles il parle n. parlons v. parlez ils parlent	je parlais tu parlais il parlait n. parlions v. parliez ils parlaient	je parlai tu parlas il parla n. parlâmes v. parlâtes ils parlèrent	je parlerai tu parleras il parlera n. parlerons v. parlerez ils parleront
4. placer 置く plaçant placé	je place tu places il place n. plaçons v. placez ils placent	je plaçais tu plaçais il plaçait n. placions v. placiez ils plaçaient	je plaçai tu plaças il plaça n. plaçâmes v. plaçâtes ils placèrent	je placerai tu placeras il placera n. placerons v. placerez ils placeront
5. manger 食べる mangeant mangé	je mange tu manges il mange n. mangeons v. mangez ils mangent	je mangeais tu mangeais il mangeait n. mangions v. mangiez ils mangeaient	je mangeai tu mangeas il mangea n. mangeâmes v. mangeâtes ils mangèrent	je mangerai tu mangeras il mangera n. mangerons v. mangerez ils mangeront
6. acheter 買う achetant acheté	j' achète tu achètes il achète n. achetons v. achetez ils achètent	j' achetais tu achetais il achetait n. achetions v. achetiez ils achetaient	j' achetai tu achetas il acheta n. achetâmes v. achetâtes ils achetèrent	j' achèterai tu achèteras il achètera n. achèterons v. achèterez ils achèteront
7. appeler 呼ぶ appelant appelé	j' appelle tu appelles il appelle n. appelons v. appelez ils appellent	j' appelais tu appelais il appelait n. appelions v. appeliez ils appelaient	j' appelai tu appelas il appela n. appelâmes v. appelâtes ils appelèrent	j' appellerai tu appelleras il appellera n. appellerons v. appellerez ils appelleront
8. préférer より好む préférant préféré	je préfère tu préfères il préfère n. préférons v. préférez ils préfèrent	je préférais tu préférais il préférait n. préférions v. préfériez ils préféraient	je préférai tu préféras il préféra n. préférâmes v. préférâtes ils préférèrent	je préférerai tu préféreras il préférera n. préférerons v. préférerez ils préféreront

条　件　法	接　続　法		命　令　法	同型活用の動詞
現　　在	現　　在	半　過　去	現　　在	（注意）
j'　aurais tu　aurais il　aurait n.　aurions v.　auriez ils　auraient	j'　aie tu　aies il　ait n.　ayons v.　ayez ils　aient	j'　eusse tu　eusses il　eût n.　eussions v.　eussiez ils　eussent	aie ayons ayez	
je　serais tu　serais il　serait n.　serions v.　seriez ils　seraient	je　sois tu　sois il　soit n.　soyons v.　soyez ils　soient	je　fusse tu　fusses il　fût n.　fussions v.　fussiez ils　fussent	sois soyons soyez	
je　parlerais tu　parlerais il　parlerait n.　parlerions v.　parleriez ils　parleraient	je　parle tu　parles il　parle n.　parlions v.　parliez ils　parlent	je　parlasse tu　parlasses il　parlât n.　parlassions v.　parlassiez ils　parlassent	parle parlons parlez	第1群規則動詞 （4型～10型をのぞく）
je　placerais tu　placerais il　placerait n.　placerions v.　placeriez ils　placeraient	je　place tu　places il　place n.　placions v.　placiez ils　placent	je　plaçasse tu　plaçasses il　plaçât n.　plaçassions v.　plaçassiez ils　plaçassent	place plaçons placez	—cer の動詞 annoncer, avancer, commencer, effacer, renoncer など. （a, o の前で c → ç）
je　mangerais tu　mangerais il　mangerait n.　mangerions v.　mangeriez ils　mangeraient	je　mange tu　manges il　mange n.　mangions v.　mangiez ils　mangent	je　mangeasse tu　mangeasses il　mangeât n.　mangeassions v.　mangeassiez ils　mangeassent	mange mangeons mangez	—ger の動詞 arranger, changer, charger, engager, nager, obliger など. （a, o の前で g → ge）
j'　achèterais tu　achèterais il　achèterait n.　achèterions v.　achèteriez ils　achèteraient	j'　achète tu　achètes il　achète n.　achetions v.　achetiez ils　achètent	j'　achetasse tu　achetasses il　achetât n.　achetassions v.　achetassiez ils　achetassent	achète achetons achetez	—e＋子音＋er の動詞 achever, lever, mener など. （7型をのぞく. e muet を 含む音節の前で e → è）
j'　appellerais tu　appellerais il　appellerait n.　appellerions v.　appelleriez ils　appelleraient	j'　appelle tu　appelles il　appelle n.　appelions v.　appeliez ils　appellent	j'　appelasse tu　appelasses il　appelât n.　appelassions v.　appelassiez ils　appelassent	appelle appelons appelez	—eter, —eler の動詞 jeter, rappeler など. （6型のものもある. e muet の前で t, l を重 ねる）
je　préférerais tu　préférerais il　préférerait n.　préférerions v.　préféreriez ils　préféreraient	je　préfère tu　préfères il　préfère n.　préférions v.　préfériez ils　préfèrent	je　préférasse tu　préférasses il　préférât n.　préférassions v.　préférassiez ils　préférassent	préfère préférons préférez	—é＋子音＋er の動詞 céder, espérer, opérer, répéter など. （e muet を含む語末音節 の前で é → è）

不定形 分詞形	直　　　説　　　法			
	現　　在	半　過　去	単　純　過　去	単　純　未　来
9. employer 使う employant employé	j' emploie tu emploies il emploie n. employons v. employez ils emploient	j' employais tu employais il employait n. employions v. employiez ils employaient	j' employai tu employas il employa n. employâmes v. employâtes ils employèrent	j' emploierai tu emploieras il emploiera n. emploierons v. emploierez ils emploieront
10. envoyer 送る envoyant envoyé	j' envoie tu envoies il envoie n. envoyons v. envoyez ils envoient	j' envoyais tu envoyais il envoyait n. envoyions v. envoyiez ils envoyaient	j' envoyai tu envoyas il envoya n. envoyâmes v. envoyâtes ils envoyèrent	j' enverrai tu enverras il enverra n. enverrons v. enverrez ils enverront
11. aller 行く allant allé	je vais tu vas il va n. allons v. allez ils vont	j' allais tu allais il allait n. allions v. alliez ils allaient	j' allai tu allas il alla n. allâmes v. allâtes ils allèrent	j' irai tu iras il ira n. irons v. irez ils iront
12. finir 終える finissant fini	je finis tu finis il finit n. finissons v. finissez ils finissent	je finissais tu finissais il finissait n. finissions v. finissiez ils finissaient	je finis tu finis il finit n. finîmes v. finîtes ils finirent	je finirai tu finiras il finira n. finirons v. finirez ils finiront
13. sortir 出かける sortant sorti	je sors tu sors il sort n. sortons v. sortez ils sortent	je sortais tu sortais il sortait n. sortions v. sortiez ils sortaient	je sortis tu sortis il sortit n. sortîmes v. sortîtes ils sortirent	je sortirai tu sortiras il sortira n. sortirons v. sortirez ils sortiront
14. courir 走る courant couru	je cours tu cours il court n. courons v. courez ils courent	je courais tu courais il courait n. courions v. couriez ils couraient	je courus tu courus il courut n. courûmes v. courûtes ils coururent	je courrai tu courras il courra n. courrons v. courrez ils courront
15. fuir 逃げる fuyant fui	je fuis tu fuis il fuit n. fuyons v. fuyez ils fuient	je fuyais tu fuyais il fuyait n. fuyions v. fuyiez ils fuyaient	je fuis tu fuis il fuit n. fuîmes v. fuîtes ils fuirent	je fuirai tu fuiras il fuira n. fuirons v. fuirez ils fuiront
16. mourir 死ぬ mourant mort	je meurs tu meurs il meurt n. mourons v. mourez ils meurent	je mourais tu mourais il mourait n. mourions v. mouriez ils mouraient	je mourus tu mourus il mourut n. mourûmes v. mourûtes ils moururent	je mourrai tu mourras il mourra n. mourrons v. mourrez ils mourront

条　件　法		接　　続　　法		命　令　法	同型活用の動詞
現　　在		現　　在	半　過　去	現　　在	（注意）
j' emploierais tu emploierais il emploierait n. emploierions v. emploieriez ils emploieraient		j' emploie tu emploies il emploie n. employions v. employiez ils emploient	j' employasse tu employasses il employât n. employassions v. employassiez ils employassent	emploie employons employez	—oyer, —uyer, —ayer の動詞 （e muet の前で y → i. —ayer は3型でもよい. また envoyer → 10）
j' enverrais tu enverrais il enverrait n. enverrions v. enverriez ils enverraient		j' envoie tu envoies il envoie n. envoyions v. envoyiez ils envoient	j' envoyasse tu envoyasses il envoyât n. envoyassions v. envoyassiez ils envoyassent	envoie envoyons envoyez	renvoyer （未来，条・現のみ9型と ことなる）
j' irais tu irais il irait n. irions v. iriez ils iraient		j' aille tu ailles il aille n. allions v. alliez ils aillent	j' allasse tu allasses il allât n. allassions v. allassiez ils allassent	va allons allez	
je finirais tu finirais il finirait n. finirions v. finiriez ils finiraient		je finisse tu finisses il finisse n. finissions v. finissiez ils finissent	je finisse tu finisses il finît n. finissions v. finissiez ils finissent	finis finissons finissez	第2群規則動詞
je sortirais tu sortirais il sortirait n. sortirions v. sortiriez ils sortiraient		je sorte tu sortes il sorte n. sortions v. sortiez ils sortent	je sortisse tu sortisses il sortît n. sortissions v. sortissiez ils sortissent	sors sortons sortez	partir, dormir, endormir, se repentir, sentir, servir
je courrais tu courrais il courrait n. courrions v. courriez ils courraient		je coure tu coures il coure n. courions v. couriez ils courent	je courusse tu courusses il courût n. courussions v. courussiez ils courussent	cours courons courez	accourir, parcourir, secourir
je fuirais tu fuirais il fuirait n. fuirions v. fuiriez ils fuiraient		je fuie tu fuies il fuie n. fuyions v. fuyiez ils fuient	je fuisse tu fuisses il fuît n. fuissions v. fuissiez ils fuissent	fuis fuyons fuyez	s'enfuir
je mourrais tu mourrais il mourrait n. mourrions v. mourriez ils mourraient		je meure tu meures il meure n. mourions v. mouriez ils meurent	je mourusse tu mourusses il mourût n. mourussions v. mourussiez ils mourussent	meurs mourons mourez	

不　定　形 分　詞　形	直　　　説　　　法			
	現　　　在	半　過　去	単　純　過　去	単　純　未　来
17. venir 来る venant venu	je　viens tu　viens il　vient n.　venons v.　venez ils　viennent	je　venais tu　venais il　venait n.　venions v.　veniez ils　venaient	je　vins tu　vins il　vint n.　vînmes v.　vîntes ils　vinrent	je　viendrai tu　viendras il　viendra n.　viendrons v.　viendrez ils　viendront
18. offrir 贈る offrant offert	j'　offre tu　offres il　offre n.　offrons v.　offrez ils　offrent	j'　offrais tu　offrais il　offrait n.　offrions v.　offriez ils　offraient	j'　offris tu　offris il　offrit n.　offrîmes v.　offrîtes ils　offrirent	j'　offrirai tu　offriras il　offrira n.　offrirons v.　offrirez ils　offriront
19. descendre 降りる descendant descendu	je　descends tu　descends il　descend n.　descendons v.　descendez ils　descendent	je　descendais tu　descendais il　descendait n.　descendions v.　descendiez ils　descendaient	je　descendis tu　descendis il　descendit n.　descendîmes v.　descendîtes ils　descendirent	je　descendrai tu　descendras il　descendra n.　descendrons v.　descendrez ils　descendront
20. mettre 置く mettant mis	je　mets tu　mets il　met n.　mettons v.　mettez ils　mettent	je　mettais tu　mettais il　mettait n.　mettions v.　mettiez ils　mettaient	je　mis tu　mis il　mit n.　mîmes v.　mîtes ils　mirent	je　mettrai tu　mettras il　mettra n.　mettrons v.　mettrez ils　mettront
21. battre 打つ battant battu	je　bats tu　bats il　bat n.　battons v.　battez ils　battent	je　battais tu　battais il　battait n.　battions v.　battiez ils　battaient	je　battis tu　battis il　battit n.　battîmes v.　battîtes ils　battirent	je　battrai tu　battras il　battra n.　battrons v.　battrez ils　battront
22. suivre ついて行く suivant suivi	je　suis tu　suis il　suit n.　suivons v.　suivez ils　suivent	je　suivais tu　suivais il　suivait n.　suivions v.　suiviez ils　suivaient	je　suivis tu　suivis il　suivit n.　suivîmes v.　suivîtes ils　suivirent	je　suivrai tu　suivras il　suivra n.　suivrons v.　suivrez ils　suivront
23. vivre 生きる vivant vécu	je　vis tu　vis il　vit n.　vivons v.　vivez ils　vivent	je　vivais tu　vivais il　vivait n.　vivions v.　viviez ils　vivaient	je　vécus tu　vécus il　vécut n.　vécûmes v.　vécûtes ils　vécurent	je　vivrai tu　vivras il　vivra n.　vivrons v.　vivrez ils　vivront
24. écrire 書く écrivant écrit	j'　écris tu　écris il　écrit n.　écrivons v.　écrivez ils　écrivent	j'　écrivais tu　écrivais il　écrivait n.　écrivions v.　écriviez ils　écrivaient	j'　écrivis tu　écrivis il　écrivit n.　écrivîmes v.　écrivîtes ils　écrivirent	j'　écrirai tu　écriras il　écrira n.　écrirons v.　écrirez ils　écriront

条　件　法	接　　続　　法		命　令　法	同型活用の動詞 （注意）
現　在	現　在	半　過　去	現　在	
je viendrais tu viendrais il viendrait n. viendrions v. viendriez ils viendraient	je vienne tu viennes il vienne n. venions v. veniez ils viennent	je vinsse tu vinsses il vînt n. vinssions v. vinssiez ils vinssent	viens venons venez	convenir, devenir, provenir, revenir, se souvenir ; tenir, appartenir, maintenir, obtenir, retenir, soutenir
j' offrirais tu offrirais il offrirait n. offririons v. offririez ils offriraient	j' offre tu offres il offre n. offrions v. offriez ils offrent	j' offrisse tu offrisses il offrît n. offrissions v. offrissiez ils offrissent	offre offrons offrez	couvrir, découvrir, ouvrir, souffrir
je descendrais tu descendrais il descendrait n. descendrions v. descendriez ils descendraient	je descende tu descendes il descende n. descendions v. descendiez ils descendent	je descendisse tu descendisses il descendît n. descendissions v. descendissiez ils descendissent	descends descendons descendez	attendre, défendre, rendre, entendre, perdre, prétendre, répondre, tendre, vendre
je mettrais tu mettrais il mettrait n. mettrions v. mettriez ils mettraient	je mette tu mettes il mette n. mettions v. mettiez ils mettent	je misse tu misses il mît n. missions v. missiez ils missent	mets mettons mettez	admettre, commettre, permettre, promettre, remettre, soumettre
je battrais tu battrais il battrait n. battrions v. battriez ils battraient	je batte tu battes il batte n. battions v. battiez ils battent	je battisse tu battisses il battît n. battissions v. battissiez ils battissent	bats battons battez	abattre, combattre
je suivrais tu suivrais il suivrait n. suivrions v. suivriez ils suivraient	je suive tu suives il suive n. suivions v. suiviez ils suivent	je suivisse tu suivisses il suivît n. suivissions v. suivissiez ils suivissent	suis suivons suivez	poursuivre
je vivrais tu vivrais il vivrait n. vivrions v. vivriez ils vivraient	je vive tu vives il vive n. vivions v. viviez ils vivent	je vécusse tu vécusses il vécût n. vécussions v. vécussiez ils vécussent	vis vivons vivez	
j' écrirais tu écrirais il écrirait n. écririons v. écririez ils écriraient	j' écrive tu écrives il écrive n. écrivions v. écriviez ils écrivent	j' écrivisse tu écrivisses il écrivît n. écrivissions v. écrivissiez ils écrivissent	écris écrivons écrivez	décrire, inscrire

不　定　形 分　詞　形	直　　　説　　　法			
	現　　　在	半　過　去	単　純　過　去	単　純　未　来
25. connaître 知っている connaissant connu	je connais tu connais il connaît n. connaissons v. connaissez ils connaissent	je connaissais tu connaissais il connaissait n. connaissions v. connaissiez ils connaissaient	je connus tu connus il connut n. connûmes v. connûtes ils connurent	je connaîtrai tu connaîtras il connaîtra n. connaîtrons v. connaîtrez ils connaîtront
26. naître 生まれる naissant né	je nais tu nais il naît n. naissons v. naissez ils naissent	je naissais tu naissais il naissait n. naissions v. naissiez ils naissaient	je naquis tu naquis il naquit n. naquîmes v. naquîtes ils naquirent	je naîtrai tu naîtras il naîtra n. naîtrons v. naîtrez ils naîtront
27. conduire みちびく conduisant conduit	je conduis tu conduis il conduit n. conduisons v. conduisez ils conduisent	je conduisais tu conduisais il conduisait n. conduisions v. conduisiez ils conduisaient	je conduisis tu conduisis il conduisit n. conduisîmes v. conduisîtes ils conduisirent	je conduirai tu conduiras il conduira n. conduirons v. conduirez ils conduiront
28. suffire 足りる suffisant suffi	je suffis tu suffis il suffit n. suffisons v. suffisez ils suffisent	je suffisais tu suffisais il suffisait n. suffisions v. suffisiez ils suffisaient	je suffis tu suffis il suffit n. suffîmes v. suffîtes ils suffirent	je suffirai tu suffiras il suffira n. suffirons v. suffirez ils suffiront
29. lire 読む lisant lu	je lis tu lis il lit n. lisons v. lisez ils lisent	je lisais tu lisais il lisait n. lisions v. lisiez ils lisaient	je lus tu lus il lut n. lûmes v. lûtes ils lurent	je lirai tu liras il lira n. lirons v. lirez ils liront
30. plaire 気に入る plaisant plu	je plais tu plais il plaît n. plaisons v. plaisez ils plaisent	je plaisais tu plaisais il plaisait n. plaisions v. plaisiez ils plaisaient	je plus tu plus il plut n. plûmes v. plûtes ils plurent	je plairai tu plairas il plaira n. plairons v. plairez ils plairont
31. dire 言う disant dit	je dis tu dis il dit n. disons v. dites ils disent	je disais tu disais il disait n. disions v. disiez ils disaient	je dis tu dis il dit n. dîmes v. dîtes ils dirent	je dirai tu diras il dira n. dirons v. direz ils diront
32. faire する faisant [fəzɑ̃] fait	je fais tu fais il fait n. faisons [fəzɔ̃] v. faites ils font	je faisais [fəzɛ] tu faisais il faisait n. faisions v. faisiez ils faisaient	je fis tu fis il fit n. fîmes v. fîtes ils firent	je ferai tu feras il fera n. ferons v. ferez ils feront

条　件　法	接　　　続　　　法		命　令　法	同型活用の動詞 (注意)
現　　在	現　　在	半　過　去	現　　在	
je connaîtrais tu connaîtrais il connaîtrait n. connaîtrions v. connaîtriez ils connaîtraient	je connaisse tu connaisses il connaisse n. connaissions v. connaissiez ils connaissent	je connusse tu connusses il connût n. connussions v. connussiez ils connussent	connais connaissons connaissez	reconnaître ; paraître, apparaître, disparaître (t の前で i → î)
je naîtrais tu naîtrais il naîtrait n. naîtrions v. naîtriez ils naîtraient	je naisse tu naisses il naisse n. naissions v. naissiez ils naissent	je naquisse tu naquisses il naquît n. naquissions v. naquissiez ils naquissent	nais naissons naissez	renaître (t の前で i → î)
je conduirais tu conduirais il conduirait n. conduirions v. conduiriez ils conduiraient	je conduise tu conduises il conduise n. conduisions v. conduisiez ils conduisent	je conduisisse tu conduisisses il conduisît n. conduisissions v. conduisissiez ils conduisissent	conduis conduisons conduisez	introduire, produire, traduire ; construire, détruire
je suffirais tu suffirais il suffirait n. suffirions v. suffiriez ils suffiraient	je suffise tu suffises il suffise n. suffisions v. suffisiez ils suffisent	je suffisse tu suffisses il suffît n. suffissions v. suffissiez ils suffissent	suffis suffisons suffisez	
je lirais tu lirais il lirait n. lirions v. liriez ils liraient	je lise tu lises il lise n. lisions v. lisiez ils lisent	je lusse tu lusses il lût n. lussions v. lussiez ils lussent	lis lisons lisez	élire, relire
je plairais tu plairais il plairait n. plairions v. plairiez ils plairaient	je plaise tu plaises il plaise n. plaisions v. plaisiez ils plaisent	je plusse tu plusses il plût n. plussions v. plussiez ils plussent	plais plaisons plaisez	déplaire, taire （ただし taire の直・現・ 3 人称単数 il tait）
je dirais tu dirais il dirait n. dirions v. diriez ils diraient	je dise tu dises il dise n. disions v. disiez ils disent	je disse tu disses il dît n. dissions v. dissiez ils dissent	dis disons dites	redire
je ferais tu ferais il ferait n. ferions v. feriez ils feraient	je fasse tu fasses il fasse n. fassions v. fassiez ils fassent	je fisse tu fisses il fît n. fissions v. fissiez ils fissent	fais faisons faites	défaire, refaire, satisfaire

不 定 形 分 詞 形	直　　説　　法			
	現　　　在	半　過　去	単　純　過　去	単　純　未　来
33. rire 笑う riant ri	je　ris tu　ris il　rit n.　rions v.　riez ils　rient	je　riais tu　riais il　riait n.　riions v.　riiez ils　riaient	je　ris tu　ris il　rit n.　rîmes v.　rîtes ils　rirent	je　rirai tu　riras il　rira n.　rirons v.　rirez ils　riront
34. croire 信じる croyant cru	je　crois tu　crois il　croit n.　croyons v.　croyez ils　croient	je　croyais tu　croyais il　croyait n.　croyions v.　croyiez ils　croyaient	je　crus tu　crus il　crut n.　crûmes v.　crûtes ils　crurent	je　croirai tu　croiras il　croira n.　croirons v.　croirez ils　croiront
35. craindre おそれる craignant craint	je　crains tu　crains il　craint n.　craignons v.　craignez ils　craignent	je　craignais tu　craignais il　craignait n.　craignions v.　craigniez ils　craignaient	je　craignis tu　craignis il　craignit n.　craignîmes v.　craignîtes ils　craignirent	je　craindrai tu　craindras il　craindra n.　craindrons v.　craindrez ils　craindront
36. prendre とる prenant pris	je　prends tu　prends il　prend n.　prenons v.　prenez ils　prennent	je　prenais tu　prenais il　prenait n.　prenions v.　preniez ils　prenaient	je　pris tu　pris il　prit n.　prîmes v.　prîtes ils　prirent	je　prendrai tu　prendras il　prendra n.　prendrons v.　prendrez ils　prendront
37. boire 飲む buvant bu	je　bois tu　bois il　boit n.　buvons v.　buvez ils　boivent	je　buvais tu　buvais il　buvait n.　buvions v.　buviez ils　buvaient	je　bus tu　bus il　but n.　bûmes v.　bûtes ils　burent	je　boirai tu　boiras il　boira n.　boirons v.　boirez ils　boiront
38. voir 見る voyant vu	je　vois tu　vois il　voit n.　voyons v.　voyez ils　voient	je　voyais tu　voyais il　voyait n.　voyions v.　voyiez ils　voyaient	je　vis tu　vis il　vit n.　vîmes v.　vîtes ils　virent	je　verrai tu　verras il　verra n.　verrons v.　verrez ils　verront
39. asseoir 座らせる asseyant assoyant assis	j'　assieds tu　assieds il　assied n.　asseyons v.　asseyez ils　asseyent j'　assois tu　assois il　assoit n.　assoyons v.　assoyez ils　assoient	j'　asseyais tu　asseyais il　asseyait n.　asseyions v.　asseyiez ils　asseyaient j'　assoyais tu　assoyais il　assoyait n.　assoyions v.　assoyiez ils　assoyaient	j'　assis tu　assis il　assit n.　assîmes v.　assîtes ils　assirent	j'　assiérai tu　assiéras il　assiéra n.　assiérons v.　assiérez ils　assiéront j'　assoirai tu　assoiras il　assoira n.　assoirons v.　assoirez ils　assoiront

条 件 法	接 続 法		命 令 法	同型活用の動詞
現 在	現 在	半 過 去	現 在	（注意）
je rirais tu rirais il rirait n. ririons v. ririez ils riraient	je rie tu ries il rie n. riions v. riiez ils rient	je risse tu risses il rît n. rissions v. rissiez ils rissent	ris rions riez	sourire
je croirais tu croirais il croirait n. croirions v. croiriez ils croiraient	je croie tu croies il croie n. croyions v. croyiez ils croient	je crusse tu crusses il crût n. crussions v. crussiez ils crussent	crois croyons croyez	
je craindrais tu craindrais il craindrait n. craindrions v. craindriez ils craindraient	je craigne tu craignes il craigne n. craignions v. craigniez ils craignent	je craignisse tu craignisses il craignît n. craignissions v. craignissiez ils craignissent	crains craignons craignez	plaindre ; atteindre, éteindre, peindre; joindre, rejoindre
je prendrais tu prendrais il prendrait n. prendrions v. prendriez ils prendraient	je prenne tu prennes il prenne n. prenions v. preniez ils prennent	je prisse tu prisses il prît n. prissions v. prissiez ils prissent	prends prenons prenez	apprendre, comprendre, surprendre
je boirais tu boirais il boirait n. boirions v. boiriez ils boiraient	je boive tu boives il boive n. buvions v. buviez ils boivent	je busse tu busses il bût n. bussions v. bussiez ils bussent	bois buvons buvez	
je verrais tu verrais il verrait n. verrions v. verriez ils verraient	je voie tu voies il voie n. voyions v. voyiez ils voient	je visse tu visses il vît n. vissions v. vissiez ils vissent	vois voyons voyez	revoir
j' assiérais tu assiérais il assiérait n. assiérions v. assiériez ils assiéraient	j' asseye tu asseyes il asseye n. asseyions v. asseyiez ils asseyent	j' assisse tu assisses il assît n. assissions v. assissiez ils assissent	assieds asseyons asseyez	（代名動詞 s'asseoir と して用いられることが 多い．下段は俗語調）
j' assoirais tu assoirais il assoirait n. assoirions v. assoiriez ils assoiraient	j' assoie tu assoies il assoie n. assoyions v. assoyiez ils assoient		assois assoyons assoyez	

不 定 形 分 詞 形	直　　説　　法			
	現　　在	半　過　去	単純過去	単純未来
40. recevoir 受取る recevant reçu	je　reçois tu　reçois il　reçoit n.　recevons v.　recevez ils　reçoivent	je　recevais tu　recevais il　recevait n.　recevions v.　receviez ils　recevaient	je　reçus tu　reçus il　reçut n.　reçûmes v.　reçûtes ils　reçurent	je　recevrai tu　recevras il　recevra n.　recevrons v.　recevrez ils　recevront
41. devoir ねばならぬ devant dû, due dus, dues	je　dois tu　dois il　doit n.　devons v.　devez ils　doivent	je　devais tu　devais il　devait n.　devions v.　deviez ils　devaient	je　dus tu　dus il　dut n.　dûmes v.　dûtes ils　durent	je　devrai tu　devras il　devra n.　devrons v.　devrez ils　devront
42. pouvoir できる pouvant pu	je　peux (puis) tu　peux il　peut n.　pouvons v.　pouvez ils　peuvent	je　pouvais tu　pouvais il　pouvait n.　pouvions v.　pouviez ils　pouvaient	je　pus tu　pus il　put n.　pûmes v.　pûtes ils　purent	je　pourrai tu　pourras il　pourra n.　pourrons v.　pourrez ils　pourront
43. vouloir のぞむ voulant voulu	je　veux tu　veux il　veut n.　voulons v.　voulez ils　veulent	je　voulais tu　voulais il　voulait n.　voulions v.　vouliez ils　voulaient	je　voulus tu　voulus il　voulut n.　voulûmes v.　voulûtes ils　voulurent	je　voudrai tu　voudras il　voudra n.　voudrons v.　voudrez ils　voudront
44. savoir 知っている sachant su	je　sais tu　sais il　sait n.　savons v.　savez ils　savent	je　savais tu　savais il　savait n.　savions v.　saviez ils　savaient	je　sus tu　sus il　sut n.　sûmes v.　sûtes ils　surent	je　saurai tu　sauras il　saura n.　saurons v.　saurez ils　sauront
45. valoir 価値がある valant valu	je　vaux tu　vaux il　vaut n.　valons v.　valez ils　valent	je　valais tu　valais il　valait n.　valions v.　valiez ils　valaient	je　valus tu　valus il　valut n.　valûmes v.　valûtes ils　valurent	je　vaudrai tu　vaudras il　vaudra n.　vaudrons v.　vaudrez ils　vaudront
46. falloir 必要である — fallu	il　faut	il　fallait	il　fallut	il　faudra
47. pleuvoir 雨が降る pleuvant plu	il　pleut	il　pleuvait	il　plut	il　pleuvra

条　件　法	接　　続　　法		命　令　法	同型活用の動詞
現　　　在	現　　在	半　過　去	現　　在	（注意）
je　recevrais tu　recevrais il　recevrait n.　recevrions v.　recevriez ils　recevraient	je　reçoive tu　reçoives il　reçoive n.　recevions v.　receviez ils　reçoivent	je　reçusse tu　reçusses il　reçût n.　reçussions v.　reçussiez ils　reçussent	reçois recevons recevez	apercevoir, concevoir
je　devrais tu　devrais il　devrait n.　devrions v.　devriez ils　devraient	je　doive tu　doives il　doive n.　devions v.　deviez ils　doivent	je　dusse tu　dusses il　dût n.　dussions v.　dussiez ils　dussent		（過去分詞は du＝de＋le と区別するために男性単数のみ dû と綴る）
je　pourrais tu　pourrais il　pourrait n.　pourrions v.　pourriez ils　pourraient	je　puisse tu　puisses il　puisse n.　puissions v.　puissiez ils　puissent	je　pusse tu　pusses il　pût n.　pussions v.　pussiez ils　pussent		
je　voudrais tu　voudrais il　voudrait n.　voudrions v.　voudriez ils　voudraient	je　veuille tu　veuilles il　veuille n.　voulions v.　vouliez ils　veuillent	je　voulusse tu　voulusses il　voulût n.　voulussions v.　voulussiez ils　voulussent	veuille veuillons veuillez	
je　saurais tu　saurais il　saurait n.　saurions v.　sauriez ils　sauraient	je　sache tu　saches il　sache n.　sachions v.　sachiez ils　sachent	je　susse tu　susses il　sût n.　sussions v.　sussiez ils　sussent	sache sachons sachez	
je　vaudrais tu　vaudrais il　vaudrait n.　vaudrions v.　vaudriez ils　vaudraient	je　vaille tu　vailles il　vaille n.　valions v.　valiez ils　vaillent	je　valusse tu　valusses il　valût n.　valussions v.　valussiez ils　valussent		
il　faudrait	il　faille	il　fallût		
il　pleuvrait	il　pleuve	il　plût		

115

フランス語コミュニケーション入門 改訂版

|検印省略| |©2023 年 1 月 30 日　初 版 発 行|

著　者

青木・ライエブ ヤミナ
藤井 フランソワーズ
ジャン＝フランソワ グラヴィアニ
西山　教行

表　　紙：メディアアート
表紙写真：西山　教行
イラスト：藤井美智子

発行者　　　　　　　　　　　小川　洋一郎

発行所　　　　　　　　　株式会社　朝日出版社
〒101-0065 東京都千代田区西神田 3-3-5
TEL（03）3239-0271・72（直通）
振替口座　東京 00140-2-46008
http://www.asahipress.com/
メディアアート

ISBN 978-4-255-35340-1 C1085

フランス語練習カイエ

大久保 政憲

ISBN978-4-255-01247-6
定価1,496円
（本体1,360円＋税10%）
B5判／80p.／2色刷

WEBで確認、カイエ（問題集）で定着！

- 初学者にも解きやすい、テーマ別見開き文法練習問題集
- 語句やヒントも提示されているので、この1冊だけで復習が可能
- WEBに音声・文法解説・辞書・追加練習問題・コラムを掲載

WEBサンプル

見開きでテーマごとに解けるから、はじめやすく続けやすい
WEB解説でわからなかったところもスッキリ解消
大学1年間のフランス語文法を定着させて、**めざせ 仏検一発合格！**

仏検公式基本語辞典

3級・4級・5級 [新訂版]

公益財団法人 フランス語教育振興協会＝編
編集責任者 北村卓

電子書籍版あり
♪音声がつきました

ISBN978-4-255-01204-9
定価2,750円
（本体2,500円＋税10%）
新書判／336p.／2色刷／見出し語1720

3級、4級、5級試験の全問題はここから作成！
仏検実施機関公認の唯一の辞典がリニューアル！

 **この本の特色**

- この本は仏検実施機関公認の**公式**辞典です。
- 3級、4級、5級の問題はすべてこの辞典に掲載された語から作成。
- **3級760語、4級400語、5級560語**の計1720語を級ごとに色分け収録。
- 「新つづり字」も併記。新しいフランス語の表記にも対応しています。
- 各見出し語と例文の音声つき。

フランス文学小事典 [増補版]

岩根久＋柏木隆雄＋金﨑春幸＋
北村卓＋永瀬春男＋春木仁孝＋
山上浩嗣＋和田章男＝編

電子書籍版あり

ISBN978-4-255-01168-4
定価2,750円
（本体2,500円＋税10%）
B6判変型／400p.／2色刷／項目数総計535

これさえあれば**フランス文学**の骨子が分かる！

項目として挙げた**作家数279、作品数171、事項数85**。
作家・作品、事項、どこからでもすぐ引くことができます。
巻末には年表、年代別索引を付しました。
増補に伴い、読書案内もパワーアップ。

(株)朝日出版社 第一編集部 〒101-0065 東京都千代田区西神田3-3-5 TEL:03-3239-0271

Carte des régions françaises

Réunion

Mayotte

Martinique

Guyane

Guadeloupe

ANGLETERRE

MANCHE

Cherbourg-en-Cotentin

Honfleur • Rouen

Normandie

Versailles •

St-Malo • Le Mont St-Michel

Île-Fr

Bretagne

Chartres

• Rennes

Pays-de-la-Loire

Carnac

Orléans

la Loire

Tours

Nantes

Centre-Va de-Loire

Poitiers

OCÉAN ATLANTIQUE

Nouvelle-Aquitaine

Bordeaux

la Garonne

• Toulouse

• Lourdes

Occitanie

ESPAGNE

ille

BELGIQUE

ALLEMAGNE

LUXEMBOURG

• Reims

Grand-Est Strasbourg •

la Seine

Bourgogne-
ranche-Comté

Besançon •

Dijon •

SUISSE

• Lyon

vergne-
e-Alpes

• Grenoble

ITALIE

le Rhône

Avignon •

Provence-Alpes-
Côte-d'Azur

• Arles • Aix-en-Provence

MONACO

• • Nice
Cannes

Marseille

MER MÉDITERRANÉE

Corse

Ajaccio •